江山甩一邊

華服美人、醇酒

正中間

百搭漢服 × 時興妝容
垂涎佳餚 × 脫俗茶酒
比現代人更講究，
更浮誇的裝束，

韓品玉 上編
趙英蘭，張嬿清，干文君 編著

唐朝不僅有薄紗爆乳裝，仕女間更講究化妝？
你以為古人的頭髮真的這麼多？假髻早在先秦就廣為流通！
俗話說南餛飩北餃子，兩者在過去其實沒有明顯區別？
滿漢全席可不能像 buffet 一樣任意自取，上菜順序大有講究？

一本書，帶領讀者走進食與色的大觀園，
揭開中華衣食文化的神祕面紗！

目 錄

前言

第一章　衣飾文化

010　衣飾文化釋義
011　衣飾的起源
012　古代衣飾的內容
014　古代的衣飾特點
015　「上衣下裳」的來歷
017　「披髮左衽」與「束髮右衽」
018　五花八門的「帶」
020　古代的鞋子
023　古代的襪子

第二章　髮型與頭飾

028　古人的髮型
032　戴假髮與時樣髻
033　古人剪髮
034　披髮與縮髻

035　髡刑與剃髮
037　古代男女髮型之異同
038　古代兒童的髮型
039　古代的髮飾
040　貴族戴冠與平民戴幘
041　古代的冠制
044　古人為什麼要戴頭巾
045　免冠謝罪的來歷
045　「綠帽子」的來源

第三章　歷代特色衣飾

050　原始社會的衣飾
051　深衣、長袍、直綴
053　「胡服騎射」
054　紳帶與鉤絡帶
055　漢代的窮袴與犢鼻褌
057　襦褶及其傳承
057　「紈綺子弟」的來歷
058　曲柄笠與東坡巾

目錄

060 　唐代的幞頭與圓領

061 　明代的補服

063 　清代的長袍馬褂

第四章
古代女子的穿戴與化妝

066 　巾幗的來歷與含義

067 　先秦女子的化妝

068 　漢代的時髦女郎

069 　唐代女子的穿戴

070 　墮馬髻的傳承

071 　步搖金翠玉搔頭 ——
　　　唐代女子的首飾

072 　唐代女子的化妝

075 　「十從十不從」

077 　旗頭、旗裝與旗鞋

第五章　古代的配飾

082 　配飾的含義與範圍

083 　玉珮的講究

084 　香囊的傳承

085 　特殊的帨巾

086 　古代的紳帶

087 　古代的蔽膝

088 　紋身的起源

089 　岳母刺字的故事

090 　女子纏足的風俗

091 　三寸金蓮

第六章　古代的禮服

094 　吉色與凶色

094 　禮服的源流

098 　古代的常服

099 　古代的官服

102 　古代的婚禮服

105 　鳳冠霞帔

107 　紅襖羅裙

108 　褙子、團衫

第七章　飲食文化

112 　飲食文化釋義

113 　飲食文化的類型

114 　食色性也

116 　飲食文化的起源

117　早期的飲食製作方法

119　儀禮食俗

120　豪華的宴席

122　飲食禁忌

第八章　糧食與食品

126　古代的五穀

127　最早人工種植的農作物

128　中國人豆

129　蜀秫與高粱

130　黃粱一夢

131　古代的麵食

133　饅頭的來歷

134　古代的饅頭與包子

136　饅頭上的紅點（硃砂
　　　點）

137　武大郎賣的炊餅是什麼

138　湯餅與麵條

141　餃子與餛飩

第九章　蔬菜與菜餚

144　漢代的五菜

146　葷菜

146　「采葑采菲」

147　引進的蔬菜品種

148　「飲食文化」中的
　　　「飲」

149　華人的進食工具——
　　　筷子

151　蔬食者與肉食者

152　殺雞為黍

153　滿漢全席

154　各地菜系

156　宴席禮儀

159　中國的飲食與營養

160　吃菜與品菜

161　中國飲食的藝術化傾向

目錄 ━━━━━━━━━━━━━━━━━━

第十章　酒文化

164　酒的源起

165　「酒池肉林」的故事

167　古代的酒器

169　酒的別名

170　酒的分類

172　酒席上的酒官

173　酒席中的酒令

175　古今酒俗的區別

176　歷史名酒

177　當代名酒

179　女兒酒與女兒紅

第十一章　茶文化

182　茶的發現與應用

183　茶的故鄉

185　茶文化的發展與傳承

186　古代喝茶的方法

188　茶聖陸羽與《茶經》

190　宋代的鬥茶

191　泡茶用水

192　茶葉的分類

194　供春壺與孟臣罐

196　迎客待茶

198　端茶送客

199　工夫茶

前言

　　廣義國學指中國古代的文化和藝術，既包括形而上的意識形態、思想觀念和倫理規範；又包括實際的衣食住行、歲時節令和婚喪嫁娶等。

　　衣食住行，是人們日常生活中最基本的物質生活需求，也是每個人每天都要經歷的事情。在日常生活中，許多常用詞語都與衣食住行有關。比如佩服、後裔、冠冕堂皇等，與衣飾習俗有關；斟酌、膾炙人口、無米之炊等，與飲食習俗有關；基礎、棟梁、升堂入室等，與居住習俗有關；徑直、倒屣相迎等，與行走習俗有關。而其中的衣飾文化和飲食文化，更是與人類的個體生存和禮制文明密不可分。

　　本書透過介紹傳統飲食文化的「吃什麼」、「怎麼吃」和「為什麼吃」，以及傳統衣飾文化的「穿（戴）什麼」、「怎麼穿（戴）」和「為什麼穿（戴）」，進一步傳承傳統文化與累積國學知識。

前言 ————————————————————

第一章
衣飾文化

第一章　衣飾文化

▌衣飾文化釋義

衣飾文化，也稱服飾文化，是指人們為保護身體器官或美化人體形象所形成的風俗文化事象。

衣服，即衣裳服飾，泛指穿在身上遮蔽身體和禦寒的東西。從字源來看，「衣」字是一個名詞，象形字。「衣」字本身就沿用了甲骨文的字形：上面像領口，兩旁像袖筒，下面像兩襟相掩，整個字形就是一件上衣的形狀。據《說文解字》解釋：「衣，依也。上曰衣，下曰裳。象覆二人之形。凡衣之屬皆從衣。」《釋名‧釋衣服》中也解釋：「上曰衣。衣，依也，人所依以庇（蔽）寒暑也。下曰裳。裳，障也，所以自障蔽也。」這兩種解釋，不僅說出了「衣」的本義 ── 「依也」（依者，與人相依也，引申為「靠著」），而且說出了衣飾文化產生的原因 ── 衣裳最初的功能是遮蔽身體、禦寒防暑。

「衣」字

「飾」古體為「飾」，從巾，從人，食聲，是會意兼形聲字，動詞，本義為刷拭。《說文解字》說：「飾，刷也。」引申為古人所佩戴、用以拭物的佩巾；而佩巾有裝飾作用，故又引申為裝飾、修飾之義。「飾」用作名詞，則是配飾的意思，主要包括衣佩和首飾，泛指與衣服相關的各類裝飾物品。

總之，本書所說的「衣」是指衣服；「飾」則指配飾，包括衣佩和首飾。前者重保護，兼有審美的作用；後者重審美，有的也兼有保護作用。

衣飾的起源

在遠古時代，人類穴居野處，過著原始生活，散居各地的原始人類所穿的衣服、戴的首飾也千差萬別。有的用樹葉、草葛遮擋烈日的曝晒，抵擋風雨的侵襲，防禦蟲蛇的毒害，以此來保護身體；還有的則用獵獲的羚羊、狐狸、獾、兔、鹿、野牛等野獸的皮毛，把身體包裹起來禦寒保暖，也就是古人所說的「衣毛而冒皮」。這完全出於實用性的考慮，也是人類衣服和裝飾產生的根本原因。

當然，人類最初用以遮體的獸皮、草葉、樹皮或用作偽裝的毛、鳥羽、獸角、獸頭、獸尾等，只能算是衣飾的雛形。直到人類開始磨製骨針、骨錐，懂得了皮革加工、養蠶

第一章　衣飾文化

抽絲、縫製衣服的技術，人類的服飾才脫離萌芽狀態。考古學家從舊石器時代的北京房山周口店山頂洞人、浙江餘姚河姆渡原始居民和陝西西安半坡原始居民等遺址中，發掘出各種獸骨製成的骨針、骨錐。

人類進入階級社會以後，伴隨著道德感、倫理觀、羞恥心與審美觀的形成，衣服具有了遮羞美飾、象徵身分、遵循禮制等功能。

▌古代衣飾的內容

古代的衣飾主要包括衣服和配飾。

「衣服」一詞有狹義和廣義之分。狹義的「衣服」，專指上衣；廣義的「衣服」則包括一切遮蓋身體的東西。具體說來，它包括以下內容：一是頭衣，也稱元服、首服。主要指頭上戴的冠、冕、巾、幘（ㄗㄜˊ）之類的東西，現在俗稱帽子、圍巾。二是體衣，包括上衣和下衣。古時上曰衣，下曰裳（裙子），即今民間所謂的「衣裳」。上衣，又有長短、內外、厚薄、布裘等區別；下衣，主要包括裳、絝、褌（ㄎㄨㄣ）、犢鼻褌、蔽膝等。三是足衣。主要指鞋和襪子，如周代的屨（ㄐㄩˋ）和舄（ㄒㄧˋ）等。

配飾即衣佩和首飾，泛指人身上所佩戴的各種裝飾物。衣佩，是指古代佩戴在衣服（主要是繫在衣帶）上的裝飾

品，其中最普遍的是玉珮。玉珮種類繁多：其中大小不等、形狀各異者，謂之雜佩；而最有特色的則為環與玦，分別象徵團圓和分離。除玉珮之外，屬於衣佩的還有容刀、帨巾、容臭（ㄒㄧㄡˋ）等。首飾指插、戴在頭上的裝飾物，主要包括笄、簪、釵等髮飾以及髮髻的式樣。

就髮髻的式樣來說，每個朝代有不同的審美趨勢。比如秦代流行的凌雲髻、垂雲髻、迎春髻、神仙髻、望仙九鬟髻、參鸞髻、黃羅髻，漢代流行的椎髻、高髻、三角髻、三鬟髻、雙鬟髻、瑤臺髻、墮馬髻等。就髮飾來說，古代婦女一般用笄固定髮髻。笄是一種針形的髮飾，用以固定髮髻或夾住頭巾。簪是笄的發展，主要表現為簪的頭部增加了更多的紋飾，可用金、玉、牙、玳瑁（ㄉㄞˋ ㄇㄟˋ）等材料，常常做成鳳凰、孔雀的形狀。

除衣佩和髮飾之外，作為裝飾的器物還有頸飾、臂飾（包括手鐲、臂釧等）、手飾（指環、扳指等）、帶具等。現在的手絹、扇子、陽傘、手提袋、錢包、化妝包、項鏈、耳墜，以及足上的腳鐲、腰間的皮帶、脖子上的項圈等，都屬於配飾的範圍。

此外還有「人體飾」，即出現在人體某些器官上的一些特殊的修飾，如髮型、齒型、紋身、足型等。在髮型方面，中國自古就有戴假髮的風俗，例如春秋時期，女子不僅流行

時樣髻，而且盛行戴假髮。紋身，又稱刺青、札青等，是一種用針炙破皮膚，並在創口上敷以顏料，從而使皮膚上帶有永久性花紋、圖案或字樣的技術。而中國古代女子的足型裝飾，即纏足的風俗，更是世界衣飾文化史上一種極為少見的人體裝飾。

綜上所述，衣飾習俗的範圍主要包括衣服、配飾和人體三個方面，其內容也是相當廣泛的。

▍古代的衣飾特點

古代的衣飾特點主要展現在衣服的形制上。衣服形制分為上衣下裳制、衣裳連屬製兩種基本類型，中國古代出現的服飾基本遵循了這兩種服飾形制。

上衣下裳制，在商周時期十分流行。這個時期的服裝，不分男女，一律做成上下兩截。上衣的形狀多為交領右衽，用正色，即青、赤、黃、白、黑五種原色；下裳類似圍裙的形狀，腰繫帶，下繫芾，用間色，即以正色調配而成的混合色。「裳」在最初，只是將布裁成兩片圍在身上。到了漢代，才開始把前後兩片連起來，成為筒狀，也就是現在所說的「裙」。上衣下裳制的服裝在後來又被稱為「短打」。因為其便於工作，多為平常百姓所穿。隨著服飾的發展演變，裳變為褲子。上衣下裳制對後來的衣服形制產生了重要

影響。

從現在出土的原始社會的衣物來看，衣裳連屬製出現的時間較晚一些，其主要代表服飾為深衣。春秋戰國時期，人們把上衣下裳連成一體，形成一種服裝，因為「被體深邃」而得名「深衣」。其特點是使身體深藏不露，雍容典雅。在戰國、西漢時期，深衣一直是一種主要的衣式，不分尊卑，人人皆可穿。深衣的製作材料多用麻布，衣領、袖、襟等部位則鑲以異色邊緣。東漢時期，其製作材料多用彩帛。魏晉以後，深衣漸漸被冷落。但是以後的袍服、長衫、旗袍等有深衣的影子，就連今天的連衣裙也可以看作深衣的延續。

「上衣下裳」的來歷

上古時代，人們已經能夠利用自己的雙手製作衣服，這時的衣料大致分為植物（樹葉、麻、草葉等）與動物（皮、毛等）兩大類。但是衣服的形制沒有統一規定，多根據實際需求隨意搭配。相傳在黃帝時期，確立了第一種服飾形制。那時是各種制度草創的時代，服飾制度也不例外。黃帝和他的大臣伯余、胡曹觀察自然，受到啟發，設計出上衣下裳。他們賦予服裝形制以特定的含義，上衣像天，用玄色；下裳在下方如大地，用黃色，以此表達對天地的崇拜。這樣，中國古代第一種服飾形制——上衣下裳制就形成了。上衣下

第一章　衣飾文化

裳，在祭祀時顯得尤為莊嚴而有序，逐漸成為一種禮儀制度。後來人們提及上衣下裳服飾的起源，就會想起黃帝「垂裳而天下治」的傳說。據《易・繫辭下傳》記載：「黃帝、堯、舜垂衣裳而天下治，蓋取諸乾、坤。」這一傳說在甘肅出土的彩陶中已得到了印證。

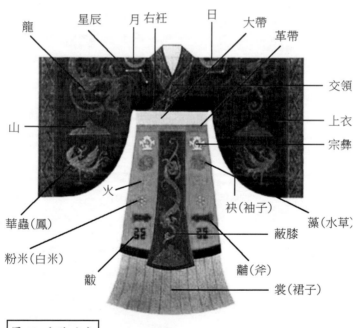

龍　星辰　月　右衽　日　大帶　革帶
交領
山　上衣
宗彝
火　袂（袖子）
華蟲（鳳）　藻（水草）
粉米（白米）　蔽膝
黻　黼（斧）
裳（裙子）

冕服（漢代）

冕服（漢代）　上衣下裳

▌「披髮左衽」與「束髮右衽」

　　人類最初的髮式為披頭散髮，隨著審美觀念的形成，人們開始對自己的外在形象加以修飾。有的人開始梳理、盤攏披散的頭髮，利用輔助飾品將盤攏的頭髮加固，這就是束髮。

　　所謂衽，其實就是衣襟。傳說黃帝在製作衣服時，交領右衽，即用左邊的一片衣襟包住右邊的一片衣襟，這樣衣服領子的樣子看起來就像字母「y」的形狀。人們將上衣為交領斜襟、衣襟向右掩的穿衣形式，稱為右衽；衣襟向左掩，則稱為左衽。在當時，人們普遍認為左衽是尚未開化的蠻夷穿的，因此「披髮左衽」往往指不講禮儀文明的野蠻之邦。孔子曾說過一句話：「管仲相桓公，霸諸侯，一匡天下，民到於今受其賜。微管仲，吾其披髮左衽矣。」意思是，管仲輔助齊桓公，稱霸諸侯，匡正天下，人民到今天還能感受到他帶來的好處。如果沒

「束髮右衽」的雕塑

有管仲，我們恐怕也要披散頭髮、衣襟向左開了。

　　因此，當這兩對詞語合在一起使用時，分別代表不同的含義。披髮左衽代表野蠻、落後，束髮右衽代表文明、開化。

▍五花八門的「帶」

　　古代腰帶名目繁多，形制也十分複雜。但按照製作材料，可分成兩類。

帶

一類以絲帛製成。主要有襟帶、大帶、紳帶、縞（《ㄠˇ）帶、絲條；還有一些特殊的絲帛帶子，如勒帛、直繫、裹肚、手巾、抹布。早期的服裝多無鈕釦，而以帶結束。衣內繫以襟帶、裙帶、褲帶等；衣外則束以絲條，以免衣服散開。古稱「襟帶」，或稱「絲條」；也有將這兩種腰帶統稱為大帶的。大帶是帶的一種，但與實用之帶不同，其作用主要為裝飾。多以絲帛製成，由後繞前，於腰前縛結，將多餘的部分自然垂下。纏於腰際的部分為「帶」，下垂的部分為「紳」，因而大帶又稱為「紳帶」，後來演變為禮服上的一種腰飾。紳帶的寬窄、長短、材質等，是身分地位的象徵，身分越高，垂紳越長。據《禮記·玉藻》：「天子素帶，朱紅襯裏，滾邊為飾；諸侯素帶、素裏，加滾邊；大夫素帶、素裏，腰後不加滾邊，腰前及垂飾部分加滾邊；士用練帶，無襯裏，下垂部分加滾邊；居士用錦帶；在學弟子用縞帶。紳帶尺寸：士紳長三尺，有司二尺有五寸；大夫以上帶寬四寸，士以下二寸。」這實際上是規定了所繫紳帶的材質及長短。

另一類是以皮革為材料的帶子，古稱「鞶（ㄆㄢˊ）革」，或稱「鞶帶」。這一類帶子名目較多，如韋帶、鉤絡帶、蹀躞（ㄉㄧㄝˊ ㄒㄧㄝˋ）帶、笏（ㄏㄨˋ）頭帶等。在秦漢以前，男子多用革帶，女子一般多繫絲帶。韋帶是最簡單的皮帶，由熟皮製成，沒有任何裝飾，繫帶方式如布

帶。因其佩戴族群多為庶民，與「布衣」一樣，「韋帶」也成為平民的代名詞。鉤絡帶是一種加帶鐍（ㄐㄩㄝˊ）的胡帶。蹀躞是一種帶扣的皮帶，用圓環加掛飾品。笏頭帶不加掛環，僅以銙（ㄎㄨㄚˇ）牌為裝飾，因帶尾被製成笏頭狀而得名。

▌古代的鞋子

古時常以獸皮製鞋，因此鞋的稱謂多以革字為部首，如靴、鞵、鞮（ㄉㄧ）、鞜（ㄊㄚˋ）。另外，鞋的別稱還有履、屐、屣、屨、舄等。如何區分這些鞋子呢？據《說郛（ㄈㄨˊ）》引唐代留存《事始·鞋》所載：「古人以草為屨，皮為履，後唐馬周始以麻為之，即鞋也。」最早的鞋子式樣是十分簡陋的。到了殷商時期，鞋的式樣、做工已非常考究，用料、顏色、圖案也有了嚴格的規範。

周代鞋子成為身分等級的象徵。據《周禮·天官·屨人》記載：「屨人掌王及後之服屨，為赤舄、黑舄、赤繶（ㄧˋ）、黃繶、青句、素屨、葛屨。」後期出現的靴子主要受北方胡人的影響。胡人騎馬多穿有筒之靴，便於騎乘。後來趙武靈王引進胡服的同時，也引進了胡人的靴子。

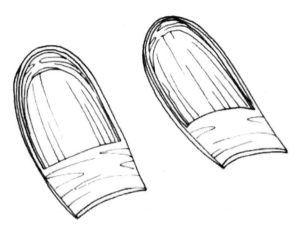

周代麻履（湖北宜昌楚墓出上）

漢代的鞋靴更加人性化，如絲織的靴子有色彩和圖案上的變化；造型也很簡練，較適合腳的形狀，主要有平頭履、翹頭履等。鞋靴使用的材料廣泛，有牛皮、絲織物、麻編物、草葛等。

秦漢翹頭履

第一章　衣飾文化

穿靴子的漢代武士

南朝偏居南方，盛行木屐，官民都可穿。除了木屐，還有緞履、絲麻履等。草鞋是一般士人或百姓所穿的鞋子，用南方出產的蒲草類植物編結而成；北方游牧民族依舊穿靴。

唐代沿襲隋制，靴子是官員的常服。當時的鞋子主要有翹頭履、平頭履、平頭鞠（一ㄠˋ）靴、翹頭鞠靴等，後改長鞠靴為短鞠靴，並加氈（ㄓㄢ）。婦女鞋子的款式多為鳳頭式翹起，防止踩到裙襬。其他的鞋子，有高頭、平頭、翹圓頭等式樣，有的繡有虎頭紋樣或鞋幫繡有錦文。

宋代的鞋式初期沿襲前代制度，朝會時穿靴，後改成履。靴筒用黑革做成，內襯用氈，各官職依服色穿不同顏色的鞋。按材料取名，平民所穿的鞋有麻鞋、草鞋、布鞋等，其中麻草編制的鞋最為普遍。南方人多穿木屐，如宋詩「山靜聞響屐」，形容穿著木屐在山中行走的情形。女子的鞋面

常用紅色，鞋頭為尖形上翹，有的做成鳳頭，鞋邊上有刺繡；一般需要工作的婦女亦有穿平頭、圓頭鞋或蒲草編的鞋的。

明代的服制對鞋式的規定很嚴格，無論官職大小，都必須遵守服制，在何種場合得穿何種鞋。如儒士生員等准許穿靴；校尉力士在當值時允許穿靴，外出時不能穿靴；其他如庶民、商賈等都不許穿靴。這些靴子也分為朝靴和普通靴。朝靴為君臣上朝時所穿，底頭上翹；普通靴為日常足衣，公職人員也可穿靴，靴頭呈圓形，不上翹。

清代鞋制沿襲明代，义武百官及士庶叫穿靴，而百姓很少穿靴子。清代的靴頭多為尖頭式，少量為平底式。靴底由初期的輕型底變為笨拙的厚底，用通草做底。一般士人的鞋由緞、絨、布料製成，鞋面淺而窄。百姓穿草鞋、棕鞋、蘆花鞋等，拖鞋此時也流行開來。滿族婦女穿旗鞋，即高底鞋；漢族婦女多纏足，穿卷雲形弓鞋。小男孩多穿虎頭鞋，寓意虎頭虎腦，茁壯成長。

▌古代的襪子

「襪子」一詞最早見於《中華古今襪子注》：「三代及周著角韤（ㄨㄚˋ），以帶繫於踝。」、「角韤」應該是用獸皮製作的原始襪子，所以寫作「韤」。後來，隨著紡織品的

第一章　衣飾文化

出現，襪子的製作材料改為布、麻、絲綢，「韤」也相應地改為「襪」。這時「襪」的樣式沒有實質性的變化，其形制大致可以分為有筒襪、繫帶襪、褲襪、分趾襪、光頭襪和無底襪六種。其中有筒襪的襪筒長短不一，有的長至腹部，有的僅至踝間；繫帶襪是為了穿著時不易脫落；分趾襪是將拇指與另外四趾分開，形如丫狀；光頭襪和無底襪多用於古代纏足的婦女，俗稱半襪。

襪子伴隨服飾的發展而變化，每一次的革新都閃耀著人類智慧的光芒。

夏、商、周時期的襪子呈三角形，屬於繫帶襪，只能套在腳上，然後再用繩子繫在腳踝上。這種襪子一直延續到漢代；直到東漢末年和三國時期，三角襪才開始被一種新型的襪子代替。自紡織品出現後，人們的襪子開始用紡織品製作，不過皮襪仍然存在，特別是在寒冷的冬天，皮襪往往比布帛的襪子更加保暖實用。周代人穿襪有著非常嚴格的禮儀規範。臣下拜見君王時，必須先將履襪脫掉才能登堂，不然則是失禮，甚至會招來殺身之禍。

秦漢時期的襪子是用熟皮和布帛做成的，富貴人家可穿絲質的襪子。襪高一般一尺有餘，上端有帶，穿時用帶束緊上口，多為白色，但祭祀時用紅色。襪子中最精緻的當屬用絹紗做的，其上繡有花紋。襪子形制多為襪頭齊，鞋後開

口，開口處附襪帶，用絹、紗製成。襪為雙層，襪面用較細的絹，襪裡用稍粗的絹。這一時期見於史籍的還有絨襪、氈襪、錦襪、綾襪、紵（ㄓㄨˋ）襪等。西漢時期的襪子還比較質樸；東漢時織襪技術已經十分高超，如新疆民豐尼雅1號墓出土的東漢足衣，所用的錦需要七十五片提花綜才能織成。

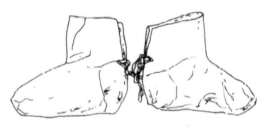

漢代的襪子

魏晉南北朝時期，男子的襪子多用紵麻製成，堅固耐穿；女子的襪子多用綾羅製作，舒適柔軟。相傳魏文帝曹丕有個美麗聰明的妃子，試著用稀疏而輕軟的絲編織襪子，並把襪子的樣式由三角形改成了類似現代的襪型。於是，襪子由過去的「附加式」變成了貼腳的「依附式」。

唐代婦女的襪子依舊為綾羅襪，後出現棉襪。江浙一帶出於穿木屐的需求，出現分趾襪，俗稱「丫頭襪」。男襪依舊為紵羅襪，冬季穿一種厚實的羅襪。

宋代出現了褲襪。從江西德安出土的綢女褲襪來看，這

種襪子一般呈圓頭形，勒後開口，並釘有兩根絲帶，襪腳下緣縫有一周環繞的絲線，中間用絲線織成襪底。這一時期，男子已開始穿布襪；婦女受纏足影響，襪子多做成尖頭、弓形。除了有底襪，還有一種無底襪，有襪筒，無襪底，俗稱「半襪」；因裹在膝蓋上，又稱「膝襪」。

元代棉花廣泛種植後，襪子多用棉布製作。

到了明代，人們在冬季穿棉襪，夏季穿暑襪。嘉靖年間，民間流行氈襪；萬曆年間以後，男子開始穿油墩布襪。隨著手工業的發展，貴族穿白色羊絨襪，平民則穿旱羊絨襪。

清代，民間的襪子一般用棉布製成，貴族則用綢緞製作滿洲襪。滿洲襪流行於清代前期，特點為襪口鑲邊，如故宮所收藏的皇帝的襪子多以金緞鑲邊，通繡紋彩。

第二章
髮型與頭飾

第二章　髮型與頭飾

▎古人的髮型

　　人們有了羞恥心以後，開始美化自我，不斷生長的頭髮始終困擾著人們，影響美觀。為此人們在解決溫飽問題後，開始著手修整頭髮。中國古人也不例外，遠在史前時代，他們就開始用梳子梳頭，用笄固髮，用裝飾品美髮。其中，婦女的髮型更為多樣，這可能是父系社會的產物，當時的婦女社會地位低，為取悅丈夫，不惜在髮型上做文章。

　　先秦時期，依舊流行原始時期的披髮、斷髮、梳辮等髮式。此時的髮髻形式比較簡單，多為錐狀；到戰國時期，開始出現複雜的髮型，並且大量髮髻的飾品出現。這些都可從目前出土的文物資料中找到證據。如河南安陽殷墟出土的玉人，結髮至頂、腦後垂辮；洛陽出土的戰國時期的玉雕人，梳有垂髻。

髮髻

　　秦漢時期，髮型複雜多樣，如秦始皇兵馬俑中的士兵有多種髮髻。這一時期髮髻的主要特點是，髮髻不高，多垂於

顱後或肩部；在日常生活中，髻上不加飾物，以頂髮向左右平分式較為普遍。到東漢時期，髮髻從顱後移至頭頂，錐髻或椎髻為平民男女普遍髮式，高髻在少數貴族女子中流行。秦漢時期流行的髮髻：秦有望仙九鬟髻、凌雲髻、垂雲髻等，漢有墜

唐代墮馬髻

馬髻、盤桓髻、分髾髻、百合髻等。與此同時，髮式妝飾也日趨流行。

　　到魏晉南北朝時期，髮型名目繁多，髮式的妝飾也由質樸趨於奢華；髮式造型崇尚高與大。據〈妝臺記〉記載：「太元中，王公婦女必緩鬢傾髻以為盛飾，用髮既多，不可恆戴，乃先於木及籠上裝之，名曰假髻，或名假頭。至於貧家不能自辦，自號無頭，就人借頭。」當時的婦女為使自己的髮髻好看，不惜戴假髮。與此同時，受各民族文化相互交融的影響，髮式及妝飾多樣。據各種雜記記載：魏有靈蛇髻、反綰髻、百花髻、芙蓉歸雲髻、涵煙髻，晉有纈（ㄒㄧㄝˊ）子髻、墜馬髻、流蘇髻、蛾眉驚鵠髻、芙蓉髻，宋有飛天髻，梁有回心髻、歸真髻，陳有凌雲髻、隨雲髻。

　　唐代開放的國風促進了中外文化交融，在髮型上也有所展現。這一時期的髮式和妝飾極為豐富多彩。據現存資料記載，唐有半翻髻、驚鵠髻、倭墜髻、望仙髻、回鶻髻、角

髻、雲鬢等。當時一些髮式取名雲髻、雲鬟、雲鬢等，是一種極為形象化又恰如其分的形容，鴉、雲、綠雲、青雲、青絲等常被古人用來借指婦女頭髮又密又黑之貌。鬢式又與髮式相搭配，各式鬢角厚薄不一，疏密有致，大小不等，其名如蟬鬢、叢鬢、輕鬢、雲鬢、雷鬢、圓鬢等。

宋代婦女的髮式多承晚唐五代遺風，亦以高髻為尚。例如在福建福州南宋黃升墓中出土的球形高髻，此種高髻大多混雜著從他人頭上剪下來的頭髮。甚至有人直接用剪下來的頭髮編結成各種不同式樣的假髻，需要時直接戴在頭上。其使用方法類似於今日的頭套，時為「特髻冠子」或「假髻」。除此之外，宋代的髮式主要有朝天髻、包髻、雙蟠髻、三髻丫、流蘇髻、同心髻。

遼國男子的髮式別具一格。按契丹族習俗，多髡髮，將頭頂的頭髮剃去，只留耳側兩撮頭髮。婦女髮式則較前代相接近，一般都梳頂梳錐髻、高髻、雙髻、螺髻等；但有少數披髮者，額頭處以巾帶結紮，謂之帕巾。

金國人以辮髮為時尚，男辮垂肩，女辮盤髻。據《大金國志》記載：「金俗好衣白，櫟髮垂肩，與契丹異。垂金環，留顱髮繫以色絲，富人用金珠飾。」

元代雖與金國同樣髡髮，但蒙古族男子僅剃除頭頂及前額兩側的頭髮，在前額留一撮瀏海。這種髮型稱為「婆

焦」，是上至帝王下至百姓的通用髮型。據《蒙韃備錄》載：「上至成吉思汗，下及國人，皆剃婆焦，如中國小兒留三搭頭，在囟（ㄒㄧㄣˋ）門者稍長則剪之，兩下者總小角，垂於肩上。」

明初基本承襲了宋元時期的髮式。嘉靖以後，婦女的髮式有了明顯的變化，「桃心髻」是當時時興的髮型，婦女將髮髻梳成扁圓形，再在髻頂飾以花朵。以後又演變為金銀絲挽結，且將髮髻梳高，髻頂亦裝飾珠玉寶翠等。其變形髮式有「挑尖頂髻」、「鵝膽心髻」、「墮馬髻」等，種類繁多。還有其他髮式，如一窩絲、雙螺髻、假髻、牡丹頭、杭州攢等。

清代統治者在關內建立政權以後，強令漢族男子遵循滿族習俗，剃髮留辮，將頭頂及兩側的頭髮剃光，只留腦後部分頭髮，並編成辮子。清代初期，滿漢兩族婦女的髮式及妝飾還各自保留著本民族的特點。滿族女子梳旗頭，如架子頭、兩把頭，其中的兩把頭又叫大拉翅，為滿族婦女特色髮式；漢族婦女還是梳晚明髮式，以後逐步有了明顯的變化。清中期以後，漢族婦女開始梳顱後髮髻，特別崇尚高髻，如模仿滿族宮女的髮式，將頭髮均分成兩把，俗稱「叉子頭」。此後又流行平頭，謂之「平三套」或「蘇州撅」。此髻老少皆宜，一改高髻風俗。頭髮裝飾也很有特色，老年婦女多好佩戴的「冠子」即是一例。

第二章 髮型與頭飾

▎戴假髮與時樣髻

　　就中國來說，自古及今都有戴假髮的風俗。這是為何？古代婦女以長髮為美，頭髮的長度成為衡量女子容貌的一個標準。長髮的婦女梳起髮髻，尤其是在流行梳高髻的時候自然風光無限；而那些頭髮稀疏的婦女，在自己的頭髮裡摻入一些假髮，也能達到時尚的標準。春秋時期，女子就盛行戴假髮。當時叫「髢（ㄉㄧˊ）」；用假髮製成的髮髻叫「副」，又稱為「副貳」、「編」、「次」等。魏晉時期，貴婦流行佩戴一種名為「蔽髻」的假髮。有時為了使髮髻高聳，還在髮髻中夾雜襯物。而這些襯物多元，材料多為鐵質、銅質、銀質等，以其數量的多寡劃分等級。貧家女子因無錢置辦假髻，為應付一些必要場面，就設法借用別人的，由此產生「借頭」一說。唐代還出現過用來襯墊髮髻的「環釵」、「亂髮」、「藤木」等。宋代的朝天髻就是一種假髻。明代宮中侍女、婦人鍾愛一種名為「鬏（ㄐㄧㄡ）髻」、「髮鼓」、「假髻」的飾物，當時有「宮女多高髻，民間喜低髻」之說。此類假髻形式大多仿古，先用鐵絲編圈，再盤織上頭髮，即成為一種待用的妝飾物。明末清初特別流行假髻，在一些首飾店鋪中，還有現成的假髻出售。

　　每個朝代都有流行的髮髻樣式，多為貴婦所梳。秦有望仙九鬟髻、凌雲髻、垂雲髻等。漢有墮馬髻、盤桓髻、分髾

髻、百合髻等。南北朝時期，魏有靈蛇髻、反綰髻、百花髻、芙蓉歸雲髻、涵煙髻，晉有纈子髻、墜馬髻、流蘇髻、蛾眉驚鵠髻、芙蓉髻，宋有飛天髻，梁有回心髻、歸真髻，陳有凌雲髻、隨雲髻，北朝婦女有叉手髻，北齊有偏髻等。隋有迎唐八鬟髻、翻荷髻等。唐有雲髻、雲鬟、雲鬢、寶髻、樂遊、愁髻等。宋代有朝天髻、包髻、雙蟠髻（龍蕊髻）、三髻丫等。明代有桃花髻、桃尖頂髻、鵝膽心髻、仿漢代的墮馬髻、雙螺髻、假髻、牡丹頭等。清代有叉子頭、平三套、蘇州撅、大拉翅等。

古人剪髮

　　古人常說「身體髮膚，受之父母，不敢毀傷」，可見古人很看重頭髮。古人從不理髮嗎？至少清代人會，政府頒布剃髮易服令，為此有的地方還抗爭過，最後還是順從了。那麼清代以前的人從不理髮嗎？並不是這樣的。早在漢代，便已出現以理髮為職業的工匠；到宋明時期，理髮業更為發達。古時理髮師和現在一樣，不僅理髮，也替人盤頭梳髻，修剪鬍鬚。透過外文書籍也可了解中國古人的剪髮情況，如《源氏物語》記載，學習漢文化的日本貴族會找吉日修剪過長的頭髮，並且將頭髮收集起來做成假髮。古代男子以擁有美鬚為榮，如美髯公關羽。如果不修剪護理，鬍子會沿著整

第二章　髮型與頭飾

個下巴和兩腮亂長,甚至長成虬鬚,如張飛。中國古人有將修剪下來的頭髮、鬍鬚收集起來,最後隨自己帶進墳墓的習俗。如今在一些地方還保留著這樣的風俗,老人們將脫落的頭髮、剪下的指甲收集起來,然後找地方藏起來。這應該是「身體髮膚,受之父母」的展現。以上情況足以證明,中國古人是理髮的。

▌披髮與綰髻

披髮是人類最初的一種原始髮式,當時生產力低下,男女皆披散頭髮,任其生長。進入文明時期以後,中國西北地區還保留著「披髮覆面」的習俗。關於這種習俗的起源,流傳著一個傳說:羌族首領爰劍愛上一個遭受劓(一ˋ)刑的女子,並與她結成夫婦。這個女子為遮擋自己的缺陷,將頭髮披散開,擋住臉部。羌族人見狀,紛紛仿效,於是成為習俗。披髮有兩種形式,一種是使所有頭髮下垂;另一種就是「斷髮」,是隨著生產力的發展、生產工具的豐富,人類具備一定的審美之後產生的髮式。

綰髻出現的時間較披髮晚一些,大約出現在新石器時代中晚期,具體時間尚無定論,但是作為綰髻的有力物證 —— 髮笄在新石器時代的墓地被發現。這說明當時人們已經懂得將頭髮梳起來,盤成髮髻,用髮笄加固。考古發現,這類髮

笄多出現在中原地區，其他周邊地區也零星出現過一些髮笄，說明中原最先使用髮笄並流行開來，影響了周邊地區。一九七二年，甘肅靈臺百草坡西周墓出土的一件玉人，頭髮被紮在頭頂部，盤曲狀如蛇，是一種原始的「髮髻」造型，這也是迄今發現的最早的髮髻造型。在周代，逐漸形成及笄禮，即女子在十五歲時行笄禮，如果許嫁（訂婚），就可以將頭髮盤起，插上髮笄，結成人髮髻。

▍髡刑與剃髮

　　髡刑是上古五刑之一，指剃光犯人的頭髮和鬍鬚。髡刑是以人格侮辱的方式對犯人實施的懲罰。髡刑源於周代，王族中犯宮刑者，以髡代宮，即斷長髮為短髮。到了秦代，髡刑失去了這一性質，成為一種單純的刑罰。蓄髮留須是中國古代男子的正常狀態，髡刑是將罪犯的髮鬚強行剃除，使罪犯處於一種社會性的非正常狀態，使其痛苦。如三國時期，有一個割髮代首的故事。在一次行軍中，曹操下達了任何人不得踐踏農田的命令，誰的馬踩壞了麥子就意味著犯了殺頭的大罪，所以曹操的騎兵全部下馬，小心翼翼地走。曹操自己沒有下馬，由於馬受驚，跳到麥田裡，踐踏了麥苗。曹操馬上下馬，把軍法官叫來，問該當何罪？軍法官說，殺頭。曹操剛要舉刀自盡，被眾將攔下。最後曹操說：「我就割頭

髮代替我的頭吧！」魏晉南北朝時期，佛教流行。因為佛教徒是剃光頭的，而且又不結婚，世人認為這是大不孝行為，所以當時的人蔑稱他們為「髠人」。

髠髮

剃髮，即髠髮，將頭頂的頭髮及耳側的頭髮剃去。在中國古代北方，鮮卑、烏桓等少數民族有髠髮的習俗。他們過著游牧生活，髠髮與辮髮、束髮相比，更便於騎馬。五代以後，契丹族仍保留著髠髮的習俗。除了男子，契丹女子也流行髠髮。另外，還有「剃髮」事件。西元一六四四年，清軍攻入關內。次年，多爾袞採納身邊謀士金之俊的建議，對整個漢族實施髠刑。剃去頂部頭髮，僅留腦後銅錢大小的頭髮，編成辮子，俗稱「金錢鼠尾」。這個事件就是史上有名的「剃髮」事件。

▎古代男女髮型之異同

上古時期，男女皆披頭散髮，即披髮。隨著審美意識的提升，男女的髮型有了差別，不再是千篇一律的披頭散髮，而是披髮、辮髮、斷髮、綰髻等多種樣式並存，並且在各個朝代又有所不同。商周時期，男女流行辮髮。戰國時期，流行梳髮髻。男女的髮髻比較簡單，一般用骨笄將頭髮固定在髮頂，用羊毛繫結而挽髻，男女髮型皆較簡便自然。從文獻記載看，古時未成年男女的髮型基本相同，同為「角髻」。有身分的男子二十歲成年時則加冠，沒身分的庶人裹巾，將頭髮束起；女子行「及笄」成年禮時則梳髻，用笄將盤起的髮髻加固。後來隨著冠制的完善，男人的髮髻則被冠、巾、幘、帽、盔等所遮蓋，而女人的髮髻則逐漸富麗多姿，更有頭髮稀少的婦女為追求美佩戴假髻。據記載，秦始皇信奉仙道之術，崇尚仙女髮型，令宮中后妃濃妝豔飾，髮型多變並且新奇，於是宮中婦女相互模仿，不斷創新，使髮型與裝飾更加豐富、侈靡。這種風尚對後人產生了重要影響，特別是漢、唐兩代，髮型的裝飾精緻而豔麗。元、明兩代，髮型不作為審美的重點，逐步趨向簡約，高髻也逐步減少。清代則以滿制為主，男人梳有長辮，女人髮型則以後垂髻為主；清代晚期，漢族女子又恢復了編髮的習俗。

古代兒童的髮型

古代嬰兒出生三個月後，剪除胎髮，具體做法是將額頭外的頭髮剃除，留下的這撮頭髮叫

- 「**髻**（ㄅㄨㄛˇ）」：兒童隨著成長，頭髮漸多，在七八歲的時候，將頭髮束於頭頂，結成兩個小髮髻，形狀與牛角類似，稱為「總角」或「總髻」。後來人們習慣用「總角」代指童年，如《詩經·衛風·氓》裡就提到「總角之宴，言笑晏晏」，描寫主角幼年時梳著總角參加宴會的場景。另外，沒有被編入兩髻的余發，任其自然下垂。這部分餘髮在古時被稱為

- 「**髫**（ㄊㄧㄠˊ）」：專指兒童髮式，也成了兒童的代名詞，如陶淵明的〈桃花源記〉記「黃髮垂髫，並怡然自樂」。唐宋時期，人們會給十歲的兒童頭上編十個小髮髻，每個髮髻上再綁上穗帶，合為十穗，象徵「十歲」，稱為「葡萄髻」，以此為兒童祈福，保佑平安。

總角

女童的鬢髮，被稱為「羈」，其型往往為十字型。在
《禮記》中有「男角女羈」的說法。

隨著童年時代的結束，男女髮式發生了變化。男子在加
冠之前將頭髮合為一髻；而女子在未行笄禮之前，頭髮被
編成兩個髮髻，分列左右，成丫狀，故稱「丫髻」或「丫
頭」。

▌古代的髮飾

髮飾是插戴在頭上的裝飾物，是古人為追求美而給自己
的頭髮添加的點綴。這些飾品大致可分為天然髮飾、束髮髮
飾、插髮髮飾、步搖、巾幗、華勝、髮夾及綴飾等。天然髮
飾主要有花草飾品、羽毛飾品、獸牙飾品等。束髮髮飾主要
有髮箍及髮冠。髮箍最早在新石器時代的墓穴中就已發現，
商周時仍然流行，但到漢唐時，髮箍已不多見了。插髮髮飾
主要有笄、簪、釵、擿（ㄓˊ）、梳等。古代婦女一般用笄
固定髮髻，笄是一種針形的髮飾，用以固定髮髻或別住頭
巾。簪是笄的發展，主要表現在簪的頂部增加了更多的紋
飾，可用竹、石、陶、獸牙、金、銅、銀玉、玳瑁等製作，
常常做成鳳凰、孔雀的形狀。擿是將頭部做成可以搔頭的簪
子，俗稱玉搔頭。據《西京雜記》記載，漢武帝的李夫人，
就取玉簪搔頭，自此後宮之人搔頭皆用玉簪。唐代詩歌：

「嬋娟人墮玉搔頭。」也指這種簪子。巾幗是漢代時用牛尾毛或布帛編成形似髮髻的頭套。華勝是製成花草形狀插於髻上或綴於額前的裝飾。漢時在華勝上貼金葉或貼上翠鳥的羽毛，使之呈現閃光的翠綠色。據《續漢書·輿服志》記載，漢代婦女標準的髮飾：「耳璫垂珠，簪以玳瑁為擿，長一尺，端以華勝。」此外，髮夾及綴飾有花鈿，分為金鈿、玉鈿、翠鈿等。

貴族戴冠與平民戴幘

在階級社會，冠帽是貴賤等級的象徵。貴族都可戴冠，但等級不同，則冠帽不同；貧賤無身分的人不準戴冠。到漢代時對冠制有了明文規定：官戴冠，民戴幘或束髮髻。即使王莽時期及以後開始流行冠襯幘，但冠幘的配合也有規定。

幘是古代包紮髮髻的巾，起初與巾無異，都是「以絳帕首」。關於幘的起源，有不同的說法。一般認為幘最早出現於戰國時期的秦國，當時秦國的武將頭戴絳帕（赤鉢頭）以示貴賤。絳帕的形制類似於後來的帕首，帕首多以紅色布帛為之，作用是將鬢髮包裹，不使它們下垂。另一種說法是：巾、幘的流行始於王莽。相傳王莽是禿頭，無法直接戴冠，為掩人耳目，故先加巾、後戴冠。這就是歷史上所說的「王莽禿，幘施屋」。其後遂相沿成俗。

民戴幘也有不同的規定。古代青、綠二色為卑賤者的服色。春秋時期就有「有貨妻女求食者，綠巾裹頭，以別貴賤」的記載。漢代有綠幘，也是「賤人之服也」。幘在以後的時間裡發生了許多變化。隋代，據《隋書‧禮儀志六》記載：「尊卑貴賤皆服之。文者長耳，謂之介幘；武者短耳，謂之平上幘。」到了唐代，幘演變為烏紗帽，頂的後半部（即覆蓋髮髻處）隆起，叫做「屋」；左右所餘巾角加硬襯飾為兩翅，叫做「耳」。

▌古代的冠制

穿衣戴帽有著悠久的傳統，帽子初期作為保暖的冠服，主要出於實用功能；但進入封建社會，冠帽成為劃分貴賤等級的象徵，由此演變來的冠制逐漸完善，影響著人們的日常生活。冠制是服飾制度中的一個重要組成部分，也是禮樂制度的重要組成部分。

原始社會後期，隨著衣裳的產生，冠帽也隨之產生，由獸皮縫合而成。冠與帽的區別是，前者只罩住髮髻，而後者覆蓋整個頭頂。

周代冠的形制有冕、弁兩種。冕的基本形狀是冠上加一平木板，前後有垂旒（ㄌㄧㄡˊ），旒以玉珠穿成，因佩戴者等級及旒用途的不同，垂旒的數目也有差別。最尊貴的是

第二章　髮型與頭飾

天子的十二旒袞冕，等級最低的大夫玄冕僅二旒。這種冕一直為後代所沿用，作為正式的禮服，直至清末。弁僅次於冕，其形如覆杯，自天子至士都戴，是在一般性的正式場合戴的，有冠弁、皮弁、韋弁之分。

冠帽

漢代的冠式，多為前高後低、傾斜向前形，其種類較多，如冕冠、進賢冠、武冠、通天冠、遠遊冠、高山冠、長冠等十幾種。其中最主要的兩種是：文官所戴的進賢冠，以冠上加橫梁的多少來區分身分的高低；武官所戴的武弁大冠，以漆紗製成，上加鶡（ㄏㄜˊ）尾或貂尾為飾，冠內都要襯幘。漢代冠與幘的配合有一定的規矩，如進賢冠必襯介幘，武弁必配平上幘（也稱平巾幘）。漢冠制度對後世影響頗大，歷代冠制都是在此基礎上稍加變化而成的，一直持續到明代。

　　魏晉南北朝時期，正式官服仍沿襲漢冠制度，男子依舊佩戴平巾幘、小冠子、籠冠、尖頂涼帽、梁冠等。北周時期，代替幘的巾開始流行，以巾裹頭，開始以兩角後裹；後來裁成四方，兩個巾角向前繫住髻，兩個中角向後繫住下垂，稱幞（ㄈㄨˊ）頭。

　　幞頭在唐宋時期非常流行，樣式也富於變化。宋代時幞頭髮展成為帽子，展腳幞頭成為官員的制式首服。同時民間又恢復前代的幅巾，多以名人的名字命名，如東坡巾、山谷巾等。

　　明代官員所戴的烏紗帽，是從前代的幞頭演變而來的，其形制是前低後高，兩旁各插一翅，通體皆圓。除了烏紗帽，官帽還有煙墩帽、鋼叉帽、圓帽、笠式帽。民間流行的巾帽較多，主要為六合統一帽、平定四方巾、圓頂氈帽、網巾等。

　　到了清代，皇帝和官員夏天戴敞沿的涼帽，形似笠帽，外綴紅纓，頂有頂珠，後垂翎子；冬天戴暖帽，其形與涼帽類似，區別為其有一帽檐上翻，帽檐用皮毛、緞子等包裹。另外，宗室、功勳之臣，皇帝賞賜用孔雀毛做的花翎，即孔雀翎，有單眼、雙眼、三眼之分，其中三眼最貴，戴在帽上垂向後方。民間流行六合如意帽（瓜皮帽）、氈帽、風帽。

▍古人為什麼要戴頭巾

　　古代百姓在地裡進行農作的時候，為了盡量避免陽光的炙烤而佩戴一種簡單樸實的頭飾，通常用縑（ㄐㄧㄢ）帛剪成方形，其制與布幅相似，又稱「幅巾」。據《玉篇》記載：「巾，佩巾也，本以拭物，後人著之於頭。」由此看來，「庶人巾」大概就是勞動時擦汗的巾，一物兩用，也可以當作帽子裹在頭上。因古代政府規定平民不得戴冠，因此民間只得以巾幘束髮。直到漢代，這種巾仍用於庶人和隱士。元代文人睢景臣的《高祖還鄉》中記載：「新刷來的頭巾，恰糨來的綢衫，暢好是妝麼大戶。」這裡的「巾」指庶人巾。包髮巾有壓髮定冠的作用。庶人所佩戴的頭巾，是黑色或青色的。所以，秦代稱百姓為黔首，漢朝稱僕隸為蒼頭。可見，巾是庶人身分等級的象徵。東漢蔡邕提到：「幘，古代卑賤執事不冠者之所服也。」這說明「巾」是古代不能戴冠、也戴不起冠的卑賤之人所戴的。東漢以後，以巾束髮的風氣十分流行。如張角組織的「黃巾起義」，以黃巾束髮作為象徵。宋代文學家蘇東坡〈念奴嬌〉中的名句「羽扇綸巾，談笑間，檣櫓灰飛煙滅」中的「綸巾」，就是描述三國時期名士的頭飾。到了魏晉時期開始流行角巾。

紮巾的漢代農夫

▎免冠謝罪的來歷

　　春秋時期的人們十分重視冠，摘掉冠則意味著失禮，為莫大的恥辱。據《韓非子》載：「齊桓公飲酒，醉，遺其冠，恥之，三日不朝。」意思是齊桓公有一次喝醉酒丟了帽子，覺得羞恥，三天沒有上朝。另據《左傳‧哀公十五年》載，衛國內亂，孔子的學生子路被石乞等砍斷了冠纓，曰：「君子死，冠不免。」結果他在結纓正冠的瞬間，被人殺死，在書中記為「結纓而死」。子路寧可為捍衛衣冠禮儀尊嚴而死，由此可見，冠在時人心目中的重要性。正因為冠非常重要，戴冠就成為貴族的特權，平民不準戴冠，所以，古代免冠表示謝罪的意思。這也可以從文學作品中找到依據，王利器注《風俗通義》曰：「凡謝罪皆免冠謝，故稱露首。重則徒跣。」《漢書‧黃霸傳》：「尚書令受丞相對，霸免冠謝罪。」《漢書‧霍光傳》：「入免冠頓首謝。」《漢書‧匡衡傳》：「免冠徒跣待罪。」《戰國策‧齊策六》：「田單免冠徒跣肉袒而進，退而請死罪。」唐代韓愈〈毛穎傳〉：「後因進見，上將有任使拂試之，因免冠謝。」

▎「綠帽子」的來源

　　綠色含有「賤」意，是從《詩經》開始的。《國風‧邶風‧綠衣》記「綠衣黃裳，心之憂矣」，大意是古人以黃色

第二章　髮型與頭飾

為上，綠色為下，而綠作了上衣，黃作了下裳，上下易位，比喻夫人失位妾上僭，所以「心中憂矣」。綠色在那時已被視為卑微、卑賤，至於綠帽子的由來更是有據可循的。

古代將原色稱作「正色」，正色有紅、黃、藍、白、黑五色。如秦朝為水德，崇尚黑色，因而秦代的旌旗都是黑色的；古人認為地是黃色，位置在中央，所以皇帝穿黃色的衣服。綠色之所以地位不高，就因為它是間色，是由藍色和黃色調和而成的，古人貴正色而賤間色。

春秋時期，有賣自己的妻女求食的人，都要裹綠頭巾，以區別貴賤。到了漢代依然如此，《漢書·東方朔傳》中記載，館陶公主是漢武帝的姑母，中年後寡居，後和年輕的情夫董偃出雙入對。一日漢武帝來看姑母，她讓董偃出來覲見，董偃戴「綠幘」謁見漢武帝，這種打扮是奴才身分。對此顏師古的注釋是：「綠幘，賤人之服也。」因此李白〈古風〉詩云：「綠幘誰家子，採珠輕薄兒。」可見，當時綠色為低賤者所用的顏色。

唐代綠色表賤色已深入民心。貞元年間，據《封氏見聞錄》記載，延陵令李封對犯錯的官吏不加杖罰，只是讓其裹綠頭巾以示羞辱，錯誤嚴重的戴的時間長，輕微的則短。可見，「戴綠頭巾」已經成為一種懲戒措施。

到了元代，官府為了遏制暗娼，《元典章》明文規定：

「娼妓穿皂衫，戴角巾兒；娼妓家長並親屬男子，裹青頭巾。」規定妓女及親屬統一著裝，因青、綠顏色相近，從此綠頭巾與低賤職業掛鉤。

　　明代沿襲元制，規定：「教坊司樂藝著卍字頂巾，繫燈線褡膊，樂妓明角冠皂褙子，不許與民妻同……教坊司伶人常服綠色巾，以別士庶人服。」明文規定娼妓家的男子必須頭戴綠巾，腰繫紅褡膊，不許在街道中間行走，只準在左右兩邊「靠邊走」。這些歧視性政策實際上大大加深了綠頭巾的低賤之意。此時的綠頭巾不僅帶有卑賤之意，而且兼有侮辱之意。到清代，戴綠帽子成為妻子與人通姦的代名詞，罵人時用「戴綠帽子」，以示人格羞辱。

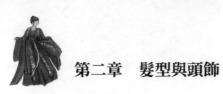

第二章　髮型與頭飾

第三章
歷代特色衣飾

第三章　歷代特色衣飾

▌原始社會的衣飾

　　早期，人類以樹葉、草遮身。距今一萬八千年前的山頂洞人已經懂得用骨針縫製獸皮為衣。山頂洞人是生活在北京一帶的晚期智人，其遺骨在北京附近龍骨山頂部的洞穴裡被發現，故稱山頂洞人。在山頂洞人生活的洞穴裡發現了一枚骨針，長八十二毫米，粗細相當於一根火柴棒；同時還發現，山頂洞人將鑽了孔的獸牙、海螺殼或小石珠串連成串，佩戴在身上，當作裝飾品。距今六七千年的仰韶文化時期，人類已能用石紡輪或陶紡錘將野麻捻成麻線，再用原始的織機織成麻布。但當時衣服的式樣尚無實物證明。據歷史學家估計，主要有圍、披、套三大件，即下身圍上一塊布，上身披著一塊布，或是全身套著一塊布。

　　同樣，歐洲的晚期智人克羅馬農人也已經懂得用原始工具縫製衣服。據古人類學家理查・利基（Richard Leakey）說：「距今約三萬五千年前的歐洲，人們開始用石葉製作形狀精細的工具。骨和鹿角首次成為製作工具的原料。工具的種類在一百種以上，包括製作衣服的和用於雕刻的工具。工具首次成了藝術品，如在角製的投擲器上雕刻了動物的形象。珠子和垂飾出現於化石記錄中，這些是裝飾身體的新物品。最引人矚目的是洞壁深處的繪畫，表達了他們的精神世界。與先前停滯占主導的時代不同，現在革新是文化的本質，人類的

變化是以千年而不是以萬年來計量。這個被稱為舊石器時代晚期革命的考古信號，是現代人心智萌芽的重要證據。」

▎深衣、長袍、直綴

　　據說深衣起源於虞舜統治的時期，流行於戰國、西漢時代。當時的深衣多用白色麻布製成。其用途極廣，是朝祭之外的官吏吉服，庶人唯一的吉服。其形製為上衣和下裳相連，衣襟右掩，下擺不開衩，將衣襟接長，向後擁掩，垂及踝部。因其前後深長，故稱深衣。其特點是使身體深藏不露，雍容典雅。深衣邊緣通常鑲以彩帛，形制、規格皆有嚴格規定，歷代解釋者甚多，說法各不相同。到了漢代，婦人禮服將衣、裳相連，與古代深衣同。東漢時期，深衣多用彩帛製成。魏晉以後，穿著者逐漸減少。但其樣式對後代的服飾形制產生了深遠影響，如唐代的袍下加襴（ㄌㄢ ˊ）、元代的質孫服、明代的曳散、清代的旗袍等，基本採用上下連衣裳的形式。就連今天的連衣裙，也是從古代深衣衍生出來的。現代人文學者建議將深衣作為漢族的服裝來推廣。

漢代的曲裾深衣

第三章　歷代特色衣飾

　　長袍即長衣，是古代基本服裝之一。起初，長袍只是一種加棉絮的內衣，外面還得罩上外衣，後成為單獨的外衣。袍服源於上下相連的深衣。秦漢時期，袍服作為禮服。其樣式為左襟壓右襟，以大袖為多，袖口部分收緊，領和袖一般用花邊裝飾，領子以袒領為主，大多裁成雞心形，穿時露出內衣，常見為曲裾。下擺長度一般到腳踝，並以腰帶或革帶束腰。魏晉南北朝時期，男子亦著袍服，但不普遍。隋唐以後，男子興袍衫。歷史上契丹、蒙古、吐蕃、女真等民族多穿交領或圓領長短袍，一般小袖緊身，與漢族服飾的寬袍大袖不同。自上古時代起至明代，長袍皆為漢族人民的普遍穿著。受陰陽五行思想的影響，漢族服飾長期以黃色為重，象徵中央，唐代以後黃袍為帝王的專用服飾。龍是權勢的象徵，龍袍僅限於皇帝、皇后和皇太子穿。後因歷史原因，長袍使用範圍一度縮小到僅限於僧、道、優伶。

　　直綴，又作直裰、直身。關於直綴的起源，據《聖同三傳通記糅（ㄖㄡˊ）鈔》卷二十六載，唐代新吳百丈山慧海大智禪師始將偏衫與裙子上下連綴，稱之為直綴。另一種說法是東晉佛圖澄創製，然事實不詳。直綴一般以素布製作，對襟大袖，衣緣四周鑲有黑邊，最初多用作僧人和道士之服，即將偏衫與裙子合綴而成的僧服。唐代以來，禪宗盛行。到了元明時期，直裰的形制有所變異，大襟交領，下長

過膝。元代禪僧與一般士人也穿這種衣服。明太祖規定，庶民穿青布直身，中後期領子一邊直一邊斜，其他時候兩邊皆斜。一般來說，不對稱交領用於寬領。據《敕修百丈清規》卷五「直綴」條記載：「相傳，前輩見僧有偏衫而無裙，有裙而無偏衫，遂合二衣為直綴。」在最早版本的《西遊記》電視劇中，唐僧徒弟們的著裝就是直裰。

▊「胡服騎射」

如果說黃帝和他的大臣伯余是古代的服飾設計者，那麼趙武靈王可算是華夏服裝史上的改革者。這次的服裝改革不是偶然的，而是出於戰爭的需求。趙武靈王即位後，趙國處在國勢衰落時期，就連周邊的小國也經常來侵擾。在和一些大國交戰時，趙國屢吃敗仗，城邑被占。另外，趙國在地理位置上，東北同東胡相接，北邊與匈奴為鄰，西北與林胡、樓煩為界。這些部落都以游牧為生，長於騎馬射箭，他們常以騎兵進犯趙國邊境。

趙武靈王看到胡人穿窄袖短襖，生活起居和狩獵作戰都比較方便；作戰時用騎兵、弓箭，與中原的兵車、長矛相比，具有更大的機動性。他對大臣說：「北方游牧民族的騎兵來如飛鳥，去如絕弦，是當今能快速反應的軍隊，帶著這樣的軍隊馳騁疆場，哪有不取勝的道理。」一心要使趙國強

盛的趙武靈王，敏銳地認識到胡人騎兵的優越性。他認為以騎射改裝軍隊是強兵之路，並對將軍樓緩說：「我們處於強敵包圍之中，我打算先從改革服裝著手，接著再改變打仗的方法。」為了富國強兵，趙武靈王在取得肥義等重臣的支持後，在邯鄲下令採用胡服為軍衣，並以弓箭為主要武器，命令全軍學習騎射，決心取胡人之長補己之短。經過趙武靈王的改革，趙國軍力上升，相繼滅掉了周邊的中山、東胡、樓煩等小國，疆土得到擴張，成為戰國時期的強國。

紳帶與鉤絡帶

紳帶，即古時士大夫束腰的大帶。纏於腰際者為「帶」，下垂者為「紳」。後來，紳帶演變為禮服上的一種腰飾。紳帶的寬窄、長短、色彩是身分地位的象徵，身分越高，垂紳越長。

鉤絡帶即郭落帶，是北方少數民族地區的一種胡帶，是一種有環形帶扣的腰帶。其形或圓或方，講究者還附上扣針，用時將皮帶伸入扣內，然後插入扣針即可。戰國、秦、漢之人不論貴賤，都穿深衣。深衣連結鉤邊，穿時要拿腰帶扣緊。起初貴族用絲織的紳帶，趙武靈王改穿胡服後，引進了革帶，平民開始用皮帶。皮帶的兩端分別用帶鉤的環相連接，叫代子鉤絡帶，形制有帶鉤、帶扣、皮帶等。帶鉤名稱

較多，如鮮卑、犀比、犀毗、胥紕、師比、私紕頭等；帶扣的名稱，如師比、鮮卑、帶鐍、鐍、鉤鑃（ㄒㄧㄝˋ）、鉤蹀等。鉤絡帶上還有「校飾」，即金屬牌飾，牌飾上刻有動物圖案及幾何圖案。這些牌飾用於裝飾。鉤絡帶不斷變化，逐漸發展成為蹀躞帶。

▌漢代的窮袴與犢鼻褌

袴，也寫作「絝」，即今之「褲」字，形制與現在的褲子不同，只是「兩股各跨別也」（《釋名》）的「脛衣」（《說文解字》）。兩者的區別為：脛衣只包裹住小腿；窮袴長過膝蓋，到大腿以上，並將袴身加長，與腰相連，在大腿間用襠連接，但襠不縫合，只用細帶紮繫，便於溺溲（ㄙㄡ），其形制為現代開襠褲的前身。與現在的褲子相近的是「滿襠」，統稱為「褌」。漢代早期的褌，其實就是周代的袴。據《釋名》記載：「褌，貫也。貫兩腳，上繫腰中也。」相當於現在的開襠褲。後來，又出現了一種有襠的褲子，因其「有前後當，不得交通也」，故稱「窮袴」。所以，漢代後期的褌是指窮袴，穿時需套在裳的裡面。而袴也流傳下來，直到唐代，女子仍然穿袴。五代時期，文人馬縞的《中華古今注·裩（ㄎㄨㄣ）》記載：「裩，三代不見所述。周文王所制裩長至膝，謂之弊衣，賤人不可服，曰良衣，蓋良人之服也。至

魏文帝賜宮人緋交襠（紅內褲），即今之褌也。」

　　漢代的犢鼻褌即合襠褲，簡稱犢鼻，也稱牛頭褌，形制短小，類似於現在的短褲。褌、窮袴、犢鼻褌等下衣，均為漢代的新制，都是以前沒有的服裝。據《史記・司馬相如列傳》記載：「相如身自著犢鼻褌與傭保雜作，滌器於市中。」其實，司馬相如在市場上故意穿犢鼻褌，目的是顯示貧賤，讓老丈人卓王孫出醜。穿「犢鼻褌」作為貧窮的象徵還有一例，即阮咸晾衣。三國魏阮籍、阮咸叔姪，俱名列「竹林七賢」。阮氏家族居住的地方，在路北住的都是富貴人家，在路南住的都是清貧人家。當地有每年七月七晒衣的習俗，在這一天，住在路北的阮氏族人晾晒紗羅錦綺，居住在路南的阮咸「以竿高掛大布犢鼻褌於中庭」。人們都好奇地問他緣由，他說：「未能免俗，聊復爾耳！」

漢代犢鼻褌

▌裲襠及其傳承

裲（ㄌㄧㄤˇ）襠，後來稱為背心或坎肩，出自《釋名·釋衣服》：「其一當胸，其一當背，謂之裲襠。」即前面一片遮住胸膛，後面一片遮住後背，在肩部用其他材料連屬，經過歷代演變成為背心。在初期，裲襠常常為婦女著裝，多用作內衣，方便手臂活動。魏晉時期流行開來，人們開始將它穿在外邊，成為一種男女常見的服飾。用來製作裲襠的材料多為帛、絹及織錦。在《幽明錄》中還出現過施以丹繡的裲襠：「棺中一婦人，形體如生。白練衫，丹繡裲襠，傷一髀，以裲襠中綿拭中血。」另外，用皮革或金屬做成的裲襠，多用作戎服，為軍士穿著。如魏晉時期的裲襠鎧，其中最有名的當屬秦王苻堅的「金銀細鎧」，用「鏤金為線」編製而成。隋唐以後，隨著半臂等替代服飾的出現，裲襠漸漸被冷落，但作為一種戎裝，還在軍隊中流行。

▌「紈綺子弟」的來歷

漢代以前沒有真正的褲子，當時的服飾形式為上衣下裳制，裳類似現在的裙子。後來出現的衣裳連屬製的深衣，也沒有搭配的褲子，還是類似連衣裙。走起路來，兩腿進風，尤其是在冬季，寒冷無比。為此，有錢人為保暖，兩條小腿各套上紵麻製的長筒，稱為脛衣，又叫「絝」。而更有錢的

人用高檔的絲織品做脛衣，稱為「紈」。古人有重上衣輕褲裳的觀念，認為不能用絲帛材料來製作襦和絝，因為這兩樣都是內衣，用這麼好的材料，過於奢侈。但是後來那些富貴人家的子弟違背先賢的教誨，仍然用順滑的絲帛做絝。這些富家子弟就被稱作「紈絝子弟」，意思是「穿著絲織開襠褲的有錢人家的孩子」。

曲柄笠與東坡巾

曲柄笠，一種斗笠狀的帽子，後面垂著一個曲柄。戴曲柄笠既能夠遮蔽陽光，又不容易被山風吹掉帽子。同時，看上去既有樵人、農夫的野趣，也有高士、名流的雅緻。南朝時期的謝靈運就喜歡戴這種曲柄笠，為此隱士孔淳之刁難他說：「你是心高志遠的人，為何不能遺忘曲蓋的形狀？」謝靈運回答：「恐怕是怕影子的人不能忘記影子吧。」在這裡，謝靈運引用了《莊子·外篇·漁父》中的一則寓言：「漁父謂孔子曰：『人有畏影惡跡而去之走者，舉足逾數而跡逾多，走逾疾而影不離身，自以為尚遲，疾走不休，絕力而死。不知處陰以休影，處靜以息跡，愚亦甚矣！』」大意是有一個害怕自己影子討厭自己腳印的人，為了擺脫這些拚命奔跑。可是跑得越多，腳印也就越多，跑得越快，影子也跟得越快。雖然很拚命，但總覺得自己很慢，最後因不停奔跑累死

了。他竟不知道在沒有光的地方就沒有影子，不動就沒有腳印的道理。謝靈運用這則寓言來譏諷隱士孔淳之不忘塵俗的虛偽；也表明自己是一個不畏影、不惡跡的人，心中對影跡不以為意，也就不在乎其有其無了。

宋代時幞頭已發展成帽子，並成為官員的標準冠服。為區分士庶，民間文人開始恢復以前的幅巾。當時的巾子多以名人的名字命名，東坡巾就是其中之一。相傳為蘇東坡被貶前所戴，又名子瞻巾、烏角巾，因在《東坡居士集》中有「父老爭看烏角巾」之句而得名。其巾製為方形，「有四牆，牆外有重牆，比內牆稍窄小。前後左右各以角相向，戴之則有角，介在兩眉間」，用烏紗製成，就像一個桶。東坡巾在民間非常流行，為文人雅士所推崇。

東坡巾

第三章　歷代特色衣飾

▍唐代的襆頭與圓領

　　先前的襆頭戴在頭上，頂是平而起褶的，四角接上帶子，兩角在腦後打成結，自然飄垂可為裝飾，兩角反到前面攀住髮髻，可以使之隆起而增加美觀。到了唐代，襆頭風靡一時，這也與當時人們流行高冠峨髻的風尚不無關係；又在襆頭內加入巾子（一種薄而硬的帽坯（ㄆㄧ）架）使其更高。襆頭的樣式不斷變化，尤其是在唐初的一百多年裡，經歷了幾次大的變化，如武德至貞觀年間，流行平頭小樣，其形狀扁平；天授二年（西元六九一年），開始流行武家諸王樣；景龍四年（西元七一〇年），開始流行英王踣樣；開元年間，流行官樣巾子。襆頭除了巾子樣式發生變化外，兩腳也有變化，主要分為軟腳襆頭和中晚唐的硬腳襆頭。到晚唐五代，襆頭形制進一步變化，這時的襆頭實際已變成一頂帽子。

　　圓領亦稱團領，實為無領型領式。衣領形似圓形，內覆硬襯，領口釘有鈕釦。圓領袍是圓領子的窄袖袍，是漢族在隋唐之後形成的全民服裝，在漢朝初年就已出現，是一種民族文化交融的產物，早期作為內衣存在。在漢代的壁畫和人偶中，有在外衣裡面穿圓領的情況，一般情況下認為是套頭衫；但也間接說明了漢族在漢代就有穿圓領形制服飾的情況，在當時應該主要作為內衣。隋代，圓領開始正式成為常

服。據《唐書·輿服志》記載，天子可穿黃文領袍，戴折上巾，繫九環帶，穿六合靴。自魏晉開始圓領袍慢慢作為外衣，經過隋唐的發展，逐漸遍及全國，無論男女皆可穿圓領袍。男子圓領袍多為純色，無花紋；女子圓領袍則色澤鮮豔，且多有花紋。

▌ 明代的補服

補服，又稱「補子」，補服的淵源可追溯到武則天時期的繡服。武則天登基後進行了一系列改革，其中之一就是對官員的服飾進行調整，規定不同等級官員的袍服加以不同的紋飾，文官繡禽，武官繡獸。到明代時，官服在前代的基礎上進一步改進。紋飾僅出現在官服前胸後背的方形格子中，因這些格子是裁剪好後直接縫在衣服上的，極像補丁，故而得名「補子」，這類官服被稱為「補服」。補子的製作方法有織錦、刺繡和緙（ㄎㄜˋ）絲三種。明代的官補尺寸較大，製作精良，以素色為多，底子大多為紅色，上面用金線盤成各種圖案。文官補子繡有雙禽，相伴而飛；而武官補子則繡單獸，或立或蹲。據《明會典》記載，洪武二十四年（西元一三九一年）規定，補子圖案：公、侯、駙馬、伯，麒麟、白澤；文官繡禽，以示文明，一品仙鶴，二品錦雞，三品孔雀，四品雲雁，五品白鵬（ㄒㄧㄢˊ），六品鷺鷥，

第三章　歷代特色衣飾

七品鸂鶒（ㄒㄧ　ㄔˋ），八品黃鸝，九品鵪鶉；武官繡獸，以示威猛，一品、二品獅子，三品、四品虎豹，五品熊羆（ㄆㄧˊ），六品、七品彪，八品犀牛，九品海馬；雜職為練鵲；風憲官為獬豸（ㄒㄧㄝˋ　ㄓˋ）。除此之外，還有的補子圖案為蟒、鬥牛、飛魚等，屬於明代的「賜服」類。明代的補子是隨著官職而存在的，受到朝廷的限制，不能大量製作，因此有著極高的歷史價值。

補服

清代的長袍馬褂

　　長袍，為大襟右衽、平袖端、盤扣、左右開裾的直身式袍。這種沒有馬蹄袖端的袍式服飾在清代原屬便服，稱為「衫」、「襖」，又俗稱「大褂」，有單袍、夾袍和棉袍之分，單袍又俗稱「大褂」。滿族長袍與旗袍有很大區別，長袍的式樣是右大襟式，左右兩開裾（ㄒㄧˋ）。長袍在其流行過程中也發生了較人的變化。清初的長袍又肥又大，長及地面，沒有領子，穿時需另加領衣（滿族服飾中的內衣，與現代唐裝很像），俗稱「一裹圓」。清代官經常穿這種服飾，無襯，後來成為滿族平民所穿的袍服。清代晚期，長袍變得又短又瘦，並且加上了立領（自清代中後期開始，穿這種立領長袍的已經超過無立領的長袍）。長袍大襟遮住的部分稱為「掩襟」，有長掩襟也有半掩襟。最初，長袍上都不帶口袋。

　　馬褂，是一種短衣，以對襟為主，平袖端，不裝箭袖，身長至腰，前襟綴五枚扣襻（ㄆㄢˋ），通常穿在袍褂之外。清初時馬褂為軍士著裝，因便於騎馬而得名，被稱為「行裝」之褂；康熙年間傳至民間，逐漸成為人們日常穿的便服。當時的馬褂沒有立領，到了清末才加了立領；至民國時期又升格為禮服，為黑色麻絲棉毛質料，織暗花紋，不做彩色織繡圖案，與禮帽、長衫搭配。清代立下特殊功勛的官

第三章　歷代特色衣飾

員可穿黃色的行服褂，因其色又名「黃馬褂」。除了被賞賜穿黃馬褂的官員之外，還有把黃馬褂當作制服穿的人。如領侍衛內大臣、御前大臣、侍衛班長、護軍統領、健銳營統領等，都是不需要經過賞賜就可以穿黃馬褂的官員。

長袍馬褂

長袍馬褂成為清代最為常見的男性便裝。民國後，普通人在日常生活中穿馬褂的機會逐漸減少，在袍外罩馬褂是非常隆重的穿法，而藍色長袍搭配黑色馬褂就是禮服了。

第四章
古代女子的穿戴與化妝

▎巾幗的來歷與含義

　　幗，又稱蔮（ㄍㄨㄛˊ），通簂（ㄍㄨㄛˋ）。原是古時的一種配飾，是形似髮髻的頭套，寬大似冠，內襯金屬絲套或用削薄的竹木片紮成各種式樣，外裱毛料、黑色繒（ㄗㄥ）帛、彩色長巾，使用時直接將其戴在頭頂，再加以簪釵固定，遠遠望去就像一個花籃，顯示出女子的嬌美。人們逐漸把它作為婦女的代稱，而民間女子的蔮多為帛巾之類的裝飾，因此引申出「巾幗」一詞。巾幗的種類及顏色有多種，在漢代有嚴格規定，據《後漢書‧輿服志》記載：「太皇太后、皇太后入廟服，紺上皂下，蠶，青上縹下，皆深衣製，隱領袖緣以絛。剪氂（ㄇㄠˊ）蔮，簪珥。」、「公、卿、列侯、中二千石、二千石夫人，紺繒蔮。」指出了所佩戴的巾幗的區別。其中用細長的犛牛尾毛製成的叫「剪氂幗」；用黑中透紅的絲帛製成的叫「紺繒幗」。先秦時期，男女都能戴幗，用作首飾。到了漢代，才成為婦女專用。諸葛亮出斜谷向司馬懿挑戰，但後者避而不出，諸葛亮便用激將法，派人給司馬懿送去「巾幗婦女之飾」，嘲笑他膽小如同婦人，以示羞辱，刺激司馬懿出戰。巾幗當時作為婦女的代稱，含有蔑視之意；如今已是對婦女的一種尊稱，如「巾幗不讓鬚眉」。

▎先秦女子的化妝

原始人將植物汁液、動物油脂、動物血、泥土等塗抹在面部，以驅趕野獸，保護身體。這時期圖案的含義較複雜，主要有圖騰崇拜、祛災祈福、保護偽裝、化妝美飾等。後來，這些圖案漸漸成為一種裝飾。更多的人將某些圖案描畫在面部，以美化自我。進入文明社會後，人們的審美意識覺醒，認為人本身就很美，過分地裝飾反而會弄巧成拙；而適當化妝會顯得人更加美麗。因此，人們開始改變誇張的面妝風格，變為局部裝飾的簡約風格。愛美之心人皆有之，化妝能將自身的缺點加以掩蓋，顯示出別樣風情。此後各個時期的化妝風格各有特點。西周出現的花鈿，小巧工整。春秋戰國之際，已出現敷粉面妝，《墨子》一書中有對「造粉」的解釋。戰國時期，又出現了圓點形的花鈿，成為當時流行的裝扮，此時的化妝品有胭脂、石黛等。此外，這一時期已經有婦人開始「點唇」，注重自己的唇部美。另外，先秦時期的婦女開始用黛畫眉，《戰國策》中就有「鄭周之女，粉白黛黑」的記載。

第四章　古代女子的穿戴與化妝

▌漢代的時髦女郎

　　漢代綿延四百餘年，時間跨度較大，女子的裝束不斷發生變化，我們只能從現存的資料復原當時女子流行的穿著。漢代時髦女郎的裝扮：頭上髮髻高聳，多留椎髻，插步搖，戴巾幗、華勝、耳璫等首飾；面部化紅妝，不僅敷粉，而且要施朱，即敷搽胭脂（相傳張騫出使西域帶回了胭脂）；眉毛一般修成八字眉、遠山眉、蛾眉、長眉、驚翠眉等，其中長眉最為流行。隨著深衣的流行，上層社會的女子穿衣擺呈喇叭狀、通體緊窄的深衣，這樣能顯露出身體的曲線美；並且衣領為交領，領口很低，以便露出裡面衣服的領子。而在民間勞動女子的流行打扮為上穿短襦、下著裙子。如在漢代樂府詩〈陌上桑〉中就描繪了這樣一個「頭上倭墮髻，耳中明月珠，緗綺為下裙，紫綺為上襦」的百姓女子的形象，即民間時髦女郎羅敷。

　　據《搜神記》卷六第一百五十一條記載，東漢時期京城婦女的流行裝飾：「漢桓帝元嘉中，京都婦女作愁眉、啼妝、墮馬髻、折腰步、齲齒笑。愁眉者，細而曲折。啼妝者，薄拭目下，若啼處。墮馬髻者，作一邊。折腰步者，足不在下體。齲齒笑者，若齒痛，樂不欣欣。如自大將軍梁冀妻孫壽所為，京都翕（ㄒㄧ）然，諸夏效之。」

唐代女子的穿戴

　　唐代國風開放，在服飾方面，則雍容大氣，影響深遠。今天提起古代中國的服飾，人們首先想到的就是唐裝。唐代服裝經歷了由保守到開放的過程，在婦女的服飾方面表現得尤為明顯。例如帽子的變化，唐代初期的女子出行時會戴一種叫「冪籬」的帽子。這種帽子用羅將人的整個頭部遮住，並下垂到背部，在面部留小孔。到唐高宗時，冪籬被帷帽取代。帷帽是一種帶有絲網的笠帽，四周的絲網變短，可以讓人微露面容。到開元年間，社會上流行胡帽，已沒有遮臉的絲網，面容完全展露出來。

　　唐代婦女的主要服飾形製為襦服裙，多與襦、衫、帔（ㄆㄟˋ）、裙、半臂、襖等搭配。上層社會流行袒胸裝，袒胸裝由襦發展而來。與短襦搭配的還有帔帛，帔帛是一種類似圍裙的服飾，一般用輕薄紗料製成。半臂，因衣袖只到手臂的一半而得名，長度為長袖的一半，故又稱「半袖」。最早的半袖出現在漢代；隋唐時期，短襦的外面再加上半袖成為流行搭配。裙子主要有石榴裙，又叫萱裙、間色裙。此外，還有明衣、水田衣、回鶻（ㄏㄨˊ）衣等。唐代女子所穿的褲子仍為漢代流傳下來的袴，就像今天的小孩所穿的開襠褲。

第四章　古代女子的穿戴與化妝

　　為搭配裙子，唐代女子穿高翹式鞋子，以防踩到裙角。所穿的鞋子為線靴、錦靴、翹頭履、重臺履、軟底透空錦靿靴等。

　　此外，在開元、天寶年間，女子流行著男裝，主要穿圓領襴（ㄌㄢˊ）衫、翻領長袍。這種風俗興起於宮中，相傳有一次太平公主穿男子服裝拜見唐高宗。這事一經傳出，宮女們紛紛模仿，穿上幞頭袍衫。後來民間也流行起女穿男裝的風俗，直到中唐，這種風俗依然興盛。

▌墮馬髻的傳承

　　墮馬髻，又稱墜馬髻，是一種偏垂在一邊的髮髻。歷代微有變化，但其基本特點、偏側和倒垂的形態未變。墮馬髻一般梳髮方法是將頭髮攏結，挽結成大椎，在椎中處結絲繩，狀如馬肚，墮於頭側或腦後。

　　墮馬髻最早出現於漢代，相傳為梁冀的妻子孫壽所創。據《後漢書·梁統傳》記載：「詔遂封冀妻孫壽為襄城君，兼食陽翟租，歲入五千萬，加賜赤紱（ㄈㄨˊ），比長公主。壽色美而善為妖態，作愁眉，啼妝，墮馬髻，折腰步，齲齒笑，以為媚惑。冀亦改易輿服之制，作平上軿（ㄆㄧㄥˊ）車，埤（ㄆㄧˊ）幘，狹冠，折上巾，擁身扇，狐尾單衣。壽性鉗忌，能制御冀，冀甚寵憚之。」

西安任家坡西漢墓出土的陶俑與湖北江陵鳳凰山出土的彩繪木俑的髮型，便是漢代的墮馬髻。兩漢之際，墮馬髻逐漸減少；東漢末期，基本絕跡。後經歷代傳承，墮馬髻不斷發展演變；直到唐天寶年間，又開始流行，不過已更名為倭墮髻。著名的《虢（《ㄨㄛˊ）國夫人遊春圖》裡的兩位貴夫人所梳的髮髻，便是墮馬髻。唐時有人將薔薇花低垂拂地的形態，比作墮馬髻的髻式。唐代溫庭筠有詩「倭墮低梳髻」，明代吳嘉紀有「岸傍婦，如花枝，不妝首飾髻低垂」的詩句。此時墮馬髻主要為中午已婚婦女所喜愛。

步搖金翠玉搔頭 —— 唐代女子的首飾

唐代時女子的首飾主要有步搖、玉簪、臂釧、項鏈、梳子等。其中步搖與玉簪最有代表性。

步搖，形制一般為金銀絲編制花枝，同時在花枝上綴以珠寶花飾，並接以五彩珠玉，佩戴時插於髮髻。人行走時，下垂的珠玉會不停搖動，因此得名。步搖最晚興起於漢代，當時的步搖有瓔穗式與枝杈式兩種。到唐代時步搖已成為婦女的重要首飾之一，流行在鳳釵上加垂珠步搖，一般掛在鳳凰的嘴部。在不少詩人的筆下都詠嘆過這種首飾，如顧況〈王郎中妓席五詠·箜篌〉中的「玉作搔頭金步搖」，戴叔倫〈白苧詞〉中的「玉珮珠纓金步搖」，武元衡〈贈佳人〉中的

第四章　古代女子的穿戴與化妝

「步搖金翠玉搔頭」等詩句。

　　玉搔頭即玉簪。玉簪的品種多樣，按照玉的成色劃分優劣，貴者價超金簪，多為富家女子所佩戴。相傳，漢武帝取李夫人玉簪搔頭而得名。據《西京雜記》卷二記載：「武帝過李夫人，就取玉簪搔頭。自此後宮人搔頭皆用玉，玉價倍貴焉。」意思是漢武帝有一次去愛妃李夫人宮中，突感頭癢，便拔下她頭上的玉簪撓癢，從此以後宮女們都用玉搔頭。到唐代時，玉簪尤為流行。白居易〈長恨歌〉中就有「花鈿委地無人收，翠翹金雀玉搔頭」之句。清代鄭板橋〈揚州〉中也有關於玉簪的記載，「借問纍纍荒塚畔，幾人耕出玉搔頭」。

▌唐代女子的化妝

　　唐代女子不僅重視服裝搭配，也十分講究化妝。化妝主要涉及化妝品、化妝內容及妝容樣式。

　　化妝品有花黃、胭脂、白粉、花鈿、眉黛、斜紅等。面部化妝比較複雜：額上要塗「額黃」，鬢畔畫「斜紅」，眉間貼「花鈿」，兩頰點「妝靨」，另外還要加「朱粉」、「口脂」、「眉黛」等。化妝的步驟有施鉛粉、抹胭脂、畫黛眉、貼花鈿、塗鵝黃、畫面靨、描斜紅、點唇脂等。妝靨也稱「花靨」、「靨鈿」等，關於它的起源，據唐代文人段

成式《酉陽雜俎》前集卷八「黶」條記載:「近代尚妝靨,
如射月,曰黃星靨。靨鈿之名,蓋自吳孫和鄧夫人也。和寵
夫人,嘗醉舞如意,誤傷鄧頰,血流,嬌婉彌苦。命太醫合
藥,醫言得白獺髓,雜玉與琥珀屑,當滅痕。和以百金購得
白獺,乃合膏。琥珀太多,及差,痕不滅,左頰有赤點如
痣,視之,更異妍也。諸嬖(ㄅㄧˋ)欲要寵者,皆以丹
點頰,而後進幸焉。」又謂:「今婦人面飾用花子,起自昭
容上官氏所制,以掩黶跡。大曆以前,士大夫妻多妒悍者,
婢妾小不如意,輒印面,故有月黶、錢黶。又云婦人妝如月
形,名黃星靨。」花鈿,起自秦代,至南北朝時,多流行於
宮中及貴族婦女間,唐代開始成為流行的婦女面飾。它一開
始是一種插在髮髻或貼在鬢邊的首飾。五代文人馬縞《中華
古今注》:「秦始皇好神仙,常令宮人梳仙髻,貼五色花子,
畫為雲鳳虎飛昇。至東晉,有童謠云:織女死,時人帖草油
花子為織女作孝。至後周,又詔宮人帖五色雲母花子,作
碎妝以侍宴。如供奉者,帖勝花子。」南北朝《木蘭辭》:
「當窗理雲鬢,對鏡貼花黃。」這裡的「花黃」指貼在額頭
上的金黃色花鈿。唐代以後則多指貼於面頰的飾物,即「眉
間花鈿」和「妝靨」,統稱花鈿,俗稱「花子」。在眉間貼
花鈿的起源有多種說法,一種說法是它源於唐代,韋固妻幼
時被刺傷眉間,長大後常以花鈿掩飾,此事見李復言《續玄

第四章　古代女子的穿戴與化妝

怪錄·定婚店》。一種說法是它源於南朝壽陽公主的「梅花妝」。據南朝《宋書》記載：宋武帝劉裕的女兒壽陽公主，曾在正月初七臥於含章殿檐下，殿前梅樹上一朵梅花恰巧落在公主的額頭上，額中被染成花瓣狀。宮中女子見公主額頭上的梅花印非常美麗，於是紛紛剪梅花貼於額頭。這種梅花妝很快流傳到民間，成為當時女性爭相效仿的對象，稱梅花妝或落梅妝。五代前蜀詩人牛嶠〈紅薔薇〉「若綴壽陽公主額，六宮爭肯學梅妝」，說的就是這個典故。花鈿多以彩色光紙、綢羅、雲母片、蟬翼、蜻蜓翅乃至魚骨等為原料，染成金黃、霽紅或翠綠色，剪作花、鳥、魚等形，貼於額頭、酒靨、嘴角、鬢邊等處。貼花鈿的膠相傳是用魚鰾製成，卸妝時用熱水敷軟即可揭下。因所貼部位及飾物的材質、色狀不同，又有「折枝花子」、「花油花子」、「花勝」、「花黃」、「羅勝」、「花靨」、「眉翠」、「翠鈿」、「金鈿」等種類。

唐代女子妝容的種類大致有紅妝、催妝、曉妝、醉妝、淚妝、桃花妝、落梅妝、仙娥妝、血暈妝等，其中，尤以「紅妝」、「梅花妝」最為流行。梅花妝源自壽陽公主，而紅妝則源自楊貴妃。所謂「紅妝」，就是先在臉部敷上粉，再塗上胭脂。傳說楊貴妃特別愛用胭脂，有一年冬天，她和父母告別時，臉上的淚水結成了紅色的薄冰，被稱為「紅

冰」。夏季天氣炎熱,她出的汗被稱為「紅汗」,擦臉用的手絹竟染成了紅色。此外,唐代女子還喜歡畫「淚妝」,化妝方法就是「以粉點眼角」;直到宋代,宮廷中的女子仍喜歡淚妝。《隋唐演義》第八十七回說:「楊妃思念雪衣女,時時墮淚。他這一副淚容,愈覺嫣然可愛。因此宮中嬪妃侍女輩,俱欲效之,梳妝已畢,輕施素粉於兩頰,號為淚妝,以此互相炫美。」

「十從十不從」

清兵入關之初,曾下「剃髮垂辮」的命令,並強制推行全國。當時有句口號,叫「留頭不留髮,留髮不留頭」。政令實行初期引起了漢人的普遍反對,清初遺民王夫之為了避免剃髮,躲進深山老林,一躲就是四十年;屈大均為了表示反抗,乾脆剃了光頭,出家做了和尚。所以,為了緩和矛盾,清政府接受了明代遺老金之俊「十從十不從」的建議,即保留一部分漢家的習慣。

一、男從女不從。即漢族男子從旗人男子的衣冠髮飾,剃髮垂辮;而女子仍舊梳原來的髮髻,不跟旗人婦女學梳「兩把兒頭」或「燕尾」。

二、生從死不從。即男子生前遵從清朝的法度習慣,死後的喪葬儀式仍沿用明朝舊俗。

三、陽從陰不從。即活人遵從清朝的法度習慣，死者則遵從舊俗，死後的各種法事、祭祀活動，均沿襲明朝舊制。

四、官從隸不從。即朝廷官員遵從清朝風俗，上朝時穿朝珠、補褂、馬蹄袖的官服，但隸役仍然沿襲明朝「紅黑帽」的打扮。

五、仕宦從婚姻不從。即仕宦在公開場合遵從旗人風俗，但在家中舉行婚禮的時候，仍然遵從漢俗。

六、老從少不從。即老人的衣冠髮型遵從清朝風俗，而小孩子百無禁忌，穿什麼都可以。

七、儒從僧道不從。即儒生遵從清朝風俗，而和尚、道士則沿襲古俗。

八、娼從優伶不從。即妓女遵從清朝風俗，而唱戲的則可以不受約束。

九、國號從官號不從。即國號稱「大清」，而官號仍沿用明朝的六部九卿制。

十、役稅從文字語言不從。即賦役課稅遵守清朝的法律，而語言文字則保留漢語言文字的傳統，漢人不說滿語。

經過幾十年的「上行下效」，人們也就「眾心安之」了。剃髮垂辮的髮型遂相沿成俗近三百年，成為近代史上的成俗。

▌旗頭、旗裝與旗鞋

旗頭，主要指滿族婦女的髮式。滿族已婚婦女的髮式多是綰髻。

入關前，滿族婦女的傳統髮式是辮髮盤髻，盤髻又分單髻與雙髻。雙髻通常為未婚女性梳用，即在頭頂左右兩端編成長辮，然後盤轉成髻，漢族則稱這種髮飾為「丫頭」。單髻多用於已婚女性，即將頭髮集於頭頂，編成一條長辮，盤轉而為髻。這種髮式簡潔、俐落，便於騎射遠行，在野外宿營又可枕辮而眠。當時無論身分高低，貧富貴賤，髮式皆如此。貴族與平民的不同之處只是髻上所插的簪飾，貴族女子髻上的裝飾頗多，而平民女子僅插木簪。

滿族婦女

第四章　古代女子的穿戴與化妝

　　入關後，滿漢文化逐漸融合，豐富了滿族婦女的頭飾。其中的主要髮式有「軟翅頭」、「兩把頭」、「一字頭」、「架子頭」、「大拉翅」、「燕尾」、「高粱頭」等，名稱不同，形式稍異，如「兩把頭」和「架子頭」等。有的髮式是在其他髮式的基礎上演變而來，保留了原來髮式的基本形狀，又在某些地方有所創新，如從「兩把頭」到「大拉翅」等。還有的髮式受其他民族習俗影響，既保留了自己民族的髮式特徵，又融進了其他民族的風格，形成了新的髮式，如漢族的「如意縷」與滿族的「如意頭」。滿族普通的中老年婦女平常梳「高粱頭」，有著上千年的歷史，至今在滿族聚居地仍可看到。滿族婦女的髮式與漢族婦女的髮式相比，顯得高大和誇張，具有豔麗奪目的效果。髮飾在滿族婦女的服飾中占有較為突出的地位，並形成了滿族婦女風韻獨特的髮式——旗頭。

　　現代人常常將旗裝與旗袍混淆，如何區別二者呢？旗裝是滿族的傳統服飾，是所有旗人（男女老幼）統一的一種袍式服裝，所以叫旗裝，滿語稱「衣介」，又叫「旗服」。這裡我們主要講述婦女的旗裝。與男子旗裝不同，婦女的旗裝不設馬蹄袖，為平袖樣式，袖口寬鬆，能蓋住雙手。滿族婦女的旗裝主要以袍褂為主，用各種顏色和圖案的絲綢、花緞、羅紗或棉麻衣料製成。除了在衣上繡上精美的圖案，還

會在衣襟、袖口、領口、下擺處鑲上多層精細的花邊。其形制採用直線，胸、肩、腰、臀完全平直，衣身寬鬆，下擺不開衩，胸腰圍度與衣裙的尺寸比例較為接近。一般婦女的標準旗裝為：身穿長及腳面的袍服，或外罩坎肩，脖領處圍一條淺色長條圍巾；褲管紮青、紅、粉紅等各色腿帶；腳著長筒白絲襪，穿高底鞋。而旗袍是旗裝的衍生品，在清末，婦女的旗裝已經發生變化，袍袖和袍身變窄，袖子縮短，同時下擺收斂。這時的袍服已經不是清初的那種旗裝了，融入了更多的現代元素。只有滿族婦女和極少數漢族貴婦穿旗裝，大部分漢族婦女穿上衣下裳制的服飾。民國時期，改良版的袍服面世後，被人們稱為「旗袍」。

旗裝

第四章　古代女子的穿戴與化妝

　　旗鞋，即清代花盆底鞋，是一種特殊的「高跟鞋」。這種繡花的旗鞋以木為底，史稱「高底鞋」，或稱「花盆底」鞋、「馬蹄底」鞋。其木底高跟一般高四五寸，有的可達七八寸。旗鞋的木跟不是鑲裝在後腳跟，而是在腳中間，整個木跟用白細布包裹，也有外裱白綾或塗白粉，俗稱「粉底」。旗鞋的面料為綢緞，上繡五彩圖案。鞋跟的形狀通常有兩種，一種上寬下窄，呈倒花盆狀，稱為「花盆底」；另一種上細下寬、前平後圓，其外形及落地印痕皆似馬蹄，稱為「馬蹄底」。旗鞋的鞋幫十分講究，除鞋幫上飾以蟬、蝶等刺繡紋樣或裝飾片外，木跟不著地的部分也常用刺繡或串珠加以裝飾。有的鞋尖處還飾有絲線編成的穗子，長可及地。這種鞋的高跟木底極為堅固，常常是鞋面破了，鞋底仍完好無損，還可再用。高底旗鞋多為十三歲以上的貴族中青年女子穿；老年婦女的旗鞋，多以平木為底，稱「平底鞋」，其前端著地處稍削，以便行走。

旗鞋

第五章
古代的配飾

第五章 古代的配飾

▌配飾的含義與範圍

佩即衣佩，飾即首飾。泛指人身上所佩戴的各種飾物。

- **衣佩**：衣佩，即繫在衣帶上的裝飾品。據《說文解字》載：「佩，大帶佩也。」主要包括尾飾、腰墜、玉珮、日用掛件等。日用掛件包括佩刀、荷包、帨（ㄕㄨㄟˋ）、掛梳、取火工具、縫紉工具等。這些日常掛件在唐代時成為文武官員腰間的重要佩戴物品，被稱為「蹀躞七事」。

- **首飾**：首飾，即插戴在頭上的裝飾物。主要包括髮髻的式樣，以及笄、簪、釵、髮梳、巾幗、頭冠、花鈿、髮箍、步搖、彩勝、天然頭飾（花葉、獸牙、羽毛等）髮夾等。

除衣佩和髮飾之外，作為裝飾的器物還有頸飾、臂飾（包括手鐲、臂釧等）、手飾（指環、扳指等）、耳飾（耳璫、耳環、耳墜、耳珠等）、胸飾（胸墜、項鏈等）、帶具等。現在的手絹、扇子、陽傘、手提兜、錢包、化妝包、項鏈，以及足上的腳鐲、腰間的皮帶、脖子上的項圈等，都屬於配飾的範圍。

玉珮的講究

　　玉珮在原始社會就已經出現；到了周代，《周禮》中對臣民佩戴的玉有明確的規定。這一時期，人們將玉與人的品德修養連繫在一起，認為君子的德行就應該像白玉一樣潔白無瑕，以此約束人的行為。於是就有了「君子之德比於玉」的說法，這給中華民族留下「古之君子必佩玉」的傳統。玉珮中大小不等、形狀各異者，謂之雜佩，而最有特色的則為環與玦（ㄐㄩㄝˊ）。古人常將其與琨連用，稱環琨或玦琨。比如張衡〈思玄賦〉：「獻環琨與琛縭（琛，珍寶；縭，音ㄌ一ˊ，佩巾，也指繫冠的帶子）兮，申厥好以玄黃。」玉的造型不一，佩戴在身上的寓意也不同。環，即環珮，也稱環琨，俗稱玉環，專指圓形而中間有孔的玉珮，象徵和合團圓。因此，環的本義即形圓而中孔的玉器；後來泛指圓圈形的物品，比如金環、銀環、耳環等。玦，即玉玦，也稱玦琨，專指環形而有缺口的佩玉，象徵絕交或分別，即古文獻中常說的「絕人以玦」。除了單佩，還用綵線將若干玉珮穿成串狀繫在腰間，被稱為組佩，組佩一般由環、璜、珠、瓏等組成。

第五章　古代的配飾

環與玦

　　先秦以後，玉珮逐漸複雜化，分為大佩和裝飾佩兩種。大佩規格最高，一般與禮服搭配，舉行盛大活動時佩戴；裝飾佩為日常配飾。據記載，大佩一般由玉璜、玉橫牙、玉珩、玉琚等組成；一般要在腰間兩側各掛一副，走起路來，會發出清脆的響聲。

▍香囊的傳承

　　香囊，即容臭，也稱香袋、香荷包、薰囊，是一種裝有香料的小囊，多以色彩鮮明的絲織物縫製。香囊裡面主要盛放對人體有益的藥草，如被稱為「薰」、「蕙」的香草。在先秦時期，小孩身上佩戴容臭已很普遍。據《禮記·內則》記載：「男女未冠笄者，雞初鳴，鹹盥（ㄍㄨㄢˋ）漱，櫛

縰（ㄕˋ），拂髦，總角，衿纓，皆佩容臭，昧爽而朝，問何食飲矣？若已食則退，若未食則佐長者視具。」鄭玄注：「容臭，香物也。」多為女子、兒童佩戴在腰間的裝飾物，男子一般不佩戴。唐代以後，出現了由金屬製成的香墜和香球，做工精良；一般將其掛在身上或是居室的床帳之上，亦有繫於麻帳或簟（ㄉㄧㄢˋ）上的。宋代朱熹曾解釋說，佩戴容臭，是為了接近尊敬的長輩時，避免自己身上有穢氣而觸冒他們。清代小說《紅樓夢》第十七回中也出現過香囊，「（黛玉）賭氣回房，將前日寶玉所煩他做的那個香袋兒──才做了一半──賭氣拿過來就鉸」。

▎特殊的帨巾

帨巾，也叫縭，是未婚女孩的佩巾。結婚時，母親將帨巾繫在即將出嫁的女兒身上，稱為「結縭」。《詩經·豳風·東山》記：「親結其縭，九十其儀。」描寫三千年前的士卒，在淒惶征戰途中想像新婚的場景，後人讀來，多少有一股無言酸澀之感。另據《儀禮·士昏禮》記載：「母施衿結帨，曰：『勉之敬之，夙夜毋違宮事。』」先秦婚禮沒有後世婚禮那些名目繁雜的刁難新婚的「下婿禮」，整個儀式氣氛嚴肅而莊重。新婿或許靜靜地候在門廳那個叫「著」的地方（按照〈齊風〉中展現的習俗），母親細緻地給新嫁婦繫上帨

第五章　古代的配飾

巾,並訓導禮辭。另外,林維民在《「帨」非「蔽膝」考》中指出:女子婚前婚後均佩帨,只不過佩戴的方法不同。在結婚之前,帨巾是女孩子的貼身褻物,可以贈送給男子作為定情之物。如《詩經·召南·野有死麕》曰:「舒而脫脫兮,無感我帨兮,無使尨也吠。」婚禮中結縭於外,或許是一種成婦的表示。後來,帨巾發展成一種附飾,如清代妃嬪朝服中的彩帨。它是一種上窄下寬長約一米,綴於衣服上,透過色彩及繡紋區分身分的細布。

▎古代的紳帶

　　古人腰間所繫的大帶,結束方式是由後繞至前身,在腰前打結,打結後所餘的部分垂下。人們將下垂的這部分稱為「紳」。因而,大帶又被稱為「紳帶」。據《論語·衛靈公》記載:「子張書諸紳。」宋代邢昺（ㄅㄧㄥˇ）注釋:「以帶束腰,垂其餘以為飾,謂之紳。」因為紳是帶子末端下垂的部分,所以可提起來記事。當然,這是應急的做法。在一般情況下,官吏記事,是用一種手板,名「笏」,不用時就將它插在腰間,後來乾脆把垂紳插笏的仕宦稱為縉（ㄐㄧㄣˋ）紳。縉就是插的意思。據《晉書·輿服志》記載:「其有事則摺之於腰帶,所謂搢紳之士者,搢笏而垂紳帶也。」說的就是這種情況。後來還引申出鄉紳、紳士等名詞,專指那些具

有一定身分和地位的人，意思是他們具備了縉紳的資格。秦漢以後，命婦也可以配用大帶，通常與祭服搭配。

▎古代的蔽膝

　　古代下體之衣還有蔽膝，又叫芾、韍（ㄈㄨˊ）、韠（ㄅㄧˋ），顧名思義，是遮蓋大腿至膝部位的服飾。其由來可從鄭玄《易緯·乾鑿度》的注裡得出，「古者田漁而食，因衣其皮。先知蔽前，後知蔽後，後王易之以布帛，而猶存其蔽前者，重古道，不忘本。是亦說芾之元由」，「芾，大（人）占蔽膝之象」。原始人以獸皮遮羞禦寒；生產方式改進以後，有了布帛。這是勞動人民的創造，不是什麼「後王」的發明；先秦時期，還有韠、芾，其意也不是「重古道」。除去這些後世經學家附會的意思，注裡的話是可信的，蔽膝是古代遮羞物的遺制。鄭玄也看出了這一點，儘管他用後代的名詞「蔽膝」來稱呼古物。根據古代注釋家的描述我們可以推測：古代蔽膝的形制與今天的圍裙相似；不同的是，蔽膝稍窄，而且一定要長到能「蔽膝」，並不像圍裙那樣直接繫到腰上，而是拴在大帶上。其功用不是保護衣服，而是作為一種裝飾。它外表塗漆，繪有動植物、幾何圖案及其他圖紋，可以用皮革製成，以象徵古時獸服。商周時期的禮服上多佩戴蔽膝，冕服所配為「芾」，其他服飾所配為「韠」。

蔽膝

隨著服飾的發展，蔽膝形制也在變化，除了皮革制的蔽膝，還有布帛製成的蔽膝。其名稱也隨之發生變化，由韍、韠變成褘（ㄏㄨㄟ）、袡。許多古代作品中提到蔽膝，如《漢書·王莽傳》：「（莽）母病，公卿列侯遣夫人問疾。莽妻迎之，衣不曳地，布蔽膝，見之者以為僮，使問，知其夫人，皆驚。」

紋身的起源

紋身，又稱刺青，指用帶有顏色的針炙入底層皮膚，在皮膚上製造一些圖案或字樣出來。

紋身的起源有多種說法，其中之一為：原始時期，人間發生大水。有一對兄妹，因躲在葫蘆瓢內倖免於難。大水過後，人間只剩下這對兄妹。眼看二人就到了婚配年齡，妹妹背著哥哥偷偷在自己臉上刺圖案，哥哥以為又來了一個女

子，於是二人便結婚生子，繁衍後代。據資料分析，紋身的圖案主要是日月星辰、人物、動植物、建築物、幾何圖案、文字，紋身的動機主要是護身、標誌、崇拜、美飾等。古代的一種肉刑——黥刑，乃墨刑（墨刑，古代刑罰，在犯人額上刺字並染以墨）的一種，也用作墨刑的異稱。據《說文解字》記載：「黥，墨刑在面也。」因為墨刑是用黑色染料在犯人面上刺字，所以又叫「刺青」。正因為如此，現在不少人仍然比較忌諱紋身。

岳母刺字的故事

　　岳母刺字的故事最早見於清乾隆年間。杭州錢彩、金豐的《說岳全體》第二十二回「結義盟王佐假名，刺精忠岳母訓子」講，岳飛不受楊么的使者王佐之聘，其母恐日後還有不肖之徒前來勾引岳飛，倘若岳飛一時失察受惑，做出不忠之事，他的英名就會毀於一旦。於是禱告上蒼神靈和祖宗，在岳飛背上刺了「精忠報國」四個字。該書敘述了岳母刺字的具體過程：其母先用毛筆在岳飛背上寫上字，再用繡花針炙，然後塗以醋墨，使刺字永不褪色。

　　岳母刺字一事歷來存在爭議：一種說法認為岳母刺字只是傳說，並非史實。因為在宋代，刺字並不是任何人都能做到的，而是一項專門的技藝。在古代文學作品中也提及有專

門的刺字人員，如《水滸傳》第八回，林沖被「刺配遠惡軍州」，「喚個文筆匠，刺了面頰」。第十二回，楊志被判刑，也「喚個文墨匠人，刺了兩行金印，迭配北京大名府留守司充軍」。這些都可以表明，宋代並非任何人都具備給人刺字的手藝。更何況岳母年事已高，老眼昏花，無法完成刺字這一高難度的技藝。另外一種說法認為，岳母可以完成在岳飛後背刺字這件事，只不過是用最原始的方法罷了。刺字，說白了就是紋身的一種。而原始紋身有一種方法是，用針在人體皮膚上沿著事先繪製好的圖案按順序打刺，以見血為止，然後將顏料敷在傷孔上，使顏料滲入傷孔，待傷孔癒合，結痂脫落，便會留下抹不去的圖案。這種方法不像現代紋身那樣具有高難度，也便於岳母操作，同時帶來的疼痛感又能讓岳飛將「精忠報國」四個字銘記於心。

女子纏足的風俗

　　纏足是中國古代封建社會特有的一種陋習，是古代中國男權社會的畸形產物。纏足，俗稱裹腳或裹足，指中國古代女子以布帛緊束雙足，使足骨變形，腳形尖小成弓狀，並以此為美的風俗。女子一般從四、五歲開始纏足，長大成人之後才除去裹腳布，有的直到去世還裹著纏腳布。關於纏足的起源眾說紛紜，相傳南唐李後主令宮嬪窅（一ㄠˇ）娘以帛

繞腳，使之纖小為新月狀，於是人皆效之。南宋時期，受當時禮教思想的影響，纏足已成流行趨勢。需要注意的是，宋代的纏足是把腳裹得「纖直」但不弓彎。元代，貴族婦女和具有特殊身分的婦女一般都纏足，但平民婦女纏足不多見。到了明代，就連平民女子也紛紛纏足，並出現了「三寸金蓮」之說，要求腳不但要小至二寸，而且還要弓彎。清代，因滿人婦女不纏足，清政府也明令反對婦女纏足；但由於執行力度不強，民間纏足之勢依然盛行，蔓延至各個階層，後來連入關的滿族女子也跟著纏足。辛亥革命後，纏足陋習逐漸廢絕。

三寸金蓮

「三寸金蓮」一是指女子的小腳，這種說法源於南朝齊東昏侯的潘妃步步生蓮花的故事。東昏侯用金箔剪成蓮花的形狀，鋪在地上，讓潘妃赤腳在上面走，從而形成「步步生蓮花」的景象。還有人認為小腳之所以稱為金蓮，應該從佛教文化中的蓮花方面加以考察。蓮花出淤泥而不染，在佛門中被視為清淨高潔的象徵。佛教傳入中國後，蓮花作為一種美好、高潔、珍貴、吉祥的象徵也隨之傳入中國，並為中國百姓所接受。在中國人的吉祥話語和吉祥圖案中，蓮花占有相當的地位，也說明了這一點。因此，以蓮花作為婦女小腳

第五章　古代的配飾

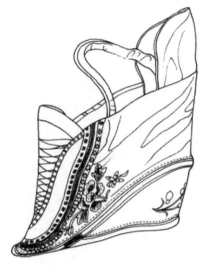

三寸金蓮

的代稱是一種美稱。另外，在佛教藝術中，菩薩多是赤著腳站在蓮花上的，這可能也是把蓮花與女子小腳連繫起來的一個重要原因。

另一種是指女子所穿的鞋子。元代文學家楊維楨是個登徒子，時常與朋友在青樓酒肆間宴飲，遇到雙腳纖細的纏足女妓，輒令其脫下鞋子作為載酒行令的道具。這種遊戲用的鞋子被稱為「金蓮杯」。

第六章
古代的禮服

▌吉色與凶色

色彩因素在衣飾習俗中主要有兩方面的功能：一是審美，二是信仰。並由此形成了衣飾習俗中的色彩特徵。

在審美方面，中國歷朝歷代都有不同的色彩喜好。殷商時期其色尚白，周崇尚紅，春秋時期紫衣最貴，漢代尚青紫色，六朝尚白衣冠等。這一特徵在民族服飾上也展現得很充分，如回族男子戴白帽、朝鮮族老年婦女著白裙、蒙古族尚大紅大綠等。

在信仰方面，漢族以白、黑為凶色，以紅、黃為吉色；冬季喜深色，夏季尚淺色。並且伴隨著服飾的色彩因素，還出現了許多衣飾制度。如唐貞觀年間朝廷規定：三品以上官員服紫，五品以上朱，六七品綠，八九品青。《明會典》規定：禪僧服茶褐色，青條，披五色袈裟；講僧五色，綠條，淺紅袈裟；教僧黑色，黑條，淺紅袈裟。道士常服青法衣，朝服紅色。

今日雖不嚴格，但仍有傳承。如本命年時穿戴的紅肚兜、紅內褲、紅腰帶等，都含有色彩信仰的含義。

▌禮服的源流

禮服，據《漢語大詞典》解釋為「舉行重要典禮時按規定所穿的衣服」。那麼禮服起源於何時？禮服的起源尚無考

證，但在《論語》中有一句：「禹，吾無間然矣。菲飲食而致孝乎鬼神，惡衣服而致美乎黻（ㄈㄨˊ）冕。」大意是孔子都挑不出大禹的毛病，因為禹的飲食起居很節儉，而祭祀時穿華美的禮服——黻冕，以表示對鬼神的敬重。進入宗法制社會以後，無論官方組織的朝會、祭祀，還是民間舉辦的慶典活動，對參加人員的衣飾規範都有一定的要求，甚至是嚴格的規定；並被賦予昭明身分、別貴賤、分等威的寓意，因此形成了一整套完整的吉禮、凶禮、嘉禮、軍禮、賓禮服飾系統。衣服為彰身之具，亦即文化之象徵。歷朝鼎革，必易服色，以新觀感而定禮儀。禮服為敬事之服，用以接人待物，關係觀瞻至鉅，為此，歷代統治者在登基之初，就會對服制進行相應的規範。

周代禮服的劃分十分細緻，奠定了中國兩千多年的禮服形制。當時主要有六種禮服：大裘冕是帝王祭祀昊天、上帝、五帝的禮服；袞冕是帝王大公祭祀先王的禮服；鷩（ㄅㄧˋ）冕是帝王和貴族祭祀先公、饗射典禮所著禮服；毳（ㄘㄨㄟˋ）冕是帝王和貴族祀四望、山川的禮服，也是子男爵朝覲（ㄐㄧㄣˋ）天子的禮服；希冕，又作「絺（ㄔ）冕」，為天子、諸侯祭祀社稷的禮服；玄冕則專用於小型祭祀活動（祭祀河湖、山林、土地等）。周代有一種叫做弁服的禮服，它僅次於冕服，是最早的朝服。其他還有玄端作為

第六章　古代的禮服

燕居之服。另外在《周禮・天官》中規定命婦的禮服也為六種，即褘衣、褕翟、闕翟、鞠衣、展衣、褖衣。

秦代廢除了周代的禮服，只保留了被稱為「袀（ㄐㄩㄣ）玄」的衣服。關於它有兩種說法：一指由玄繒衣、紺繒裳構成的上衣下裳不相連的服飾，由兩種顏色構成；二指由玄紺色繒做的上衣下裳相連的深衣式服裝，由一種顏色構成。

漢初沿襲秦制，以袀玄作為禮服。到東漢永平二年（西元五九年），國家全面系統地制定官服制度，恢復周代的冕服制度，這是儒家學說中的衣冠制在中國的首次應用。朝服為深衣製袍，袍外掛組綬。

魏晉南北朝時期，冕服基本承襲舊制，但朝代更迭頻繁，各朝代都有自己的特色。如晉代冕服主要為袞冕，在祭祀天地、明堂、宗廟以及元會臨軒等場合，以及祭奠先聖、臨軒時穿；不過，祭奠先聖時穿的衣服並非上衣下裳制，而是袍制。

隋唐時期，恢復了魏晉以來被廢止的冕服制度。冕服作為重大祭祀活動的祭服，一般很少使用，自天子至百官均可穿。朝服為次於冕服的第二等禮服，用於朝會、陪祭等活動，借鑑了冕服形制。公服為第三等禮服。黑介幘服是沒有公職的士人，在朝見受詔時穿的衣服。在婦女禮服方面，大禮服為褘衣，是最隆重的大禮服，褕翟為太子妃最隆重的大

禮服，皇后禮見皇帝時穿青衣，皇后宴見賓客時穿朱衣。

　　宋代初期，全面恢復了周代的六冕和后妃的禮衣。後來對它進行了調整，袞服以下的四等禮服按照品級細化，通天冠服成為第二等禮服。

　　元代，除冕服沿襲宋金服制外，還有一種民族服飾──質孫服。皇帝臣工皆可穿，透過用料、顏色區別尊卑，分為冬夏兩大類，二十六等，冬十一等，夏十五等。

　　明代洪武年間，只留袞冕作為祭天地、宗廟的禮服，其餘冕服一概廢除。並且規定除皇帝、太子、親王外，其他人不得穿冕服，這象徵著兩千多年的君臣公用冕服制度的廢除。

　　清代，皇帝禮服由朝冠、朝服、端罩、袞服、朝珠、朝帶、朝靴等組成。朝儀和祭祀用服的區別在於衣袖的顏色，「袖異衣色」為朝儀用服，「袖同衣色」為祭服。皇后禮服由朝冠、朝袍、朝褂、朝裙、金約、領約、耳飾、彩帨、朝珠、朝靴等組成。皇帝禮服用於元旦、萬壽、千秋、冬至、登極、出殿、金殿傳臚，以及祭拜日、月、天、地等活動；皇后禮服用於親蠶以及元旦、萬壽、冬至三大節日接受群臣朝賀之時。各級官員的朝服，則用藍色或石青色，其中以石青色為多。蟒袍是文武官員最常用的禮服，因袍上繡有蟒紋而得名。清代凡后妃命婦，都以鳳冠、霞帔作為禮服。

第六章　古代的禮服

▌古代的常服

　　常服主要指一般服飾，即社會各階層在普通場合下均可穿的服飾。

- **周代**：衣服的樣式主要有直裾單衣、曲裾深衣、襦裙、胡服、袍。當時人們為了適應赤腳席地跪坐，外出則乘坐馬車，仕宦的衣服樣式比商代略有寬鬆。

- **漢代**：深衣盛行，襦裙、褲主要為士庶的穿著，式樣簡單。右衽交領，窄袖。如上衣為袷衣，往往會施較寬的領緣和袖緣。袴褶本為胡服，便於騎射，北朝時傳入中原後風靡一時，一直盛行到隋代。文武官員穿得最多。

- **隋代**：常服也可以作為朝服使用。如隋文帝常以折上巾、黃文綾袍、六合靴的常服打扮臨朝聽政，但是大臣不能隨便穿常服朝見君王。

- **唐代**：常服就是身上穿的窄袖、圓領袍衫，上至天子，下到百姓，平時都可以穿，只不過赤黃色的袍衫只能皇帝穿，再配上摺上頭巾、九環帶、六合靴，配成一套。

- **宋代**：常服與公服合併，一般裝束為頭戴幞頭，身穿大袖長袍，腰間繫革帶，腳上穿靴。其中，袍有寬袖廣身和窄袖窄身兩種類型，有官職者著錦袍，無官職者著白布袍。

- **明代**：皇帝的常服為烏紗折角向上巾，盤領窄袖黃袍，

即翼善冠服，而我們常見的明代補服為官員的常服。
洪武四年（西元一三七一年）三月，朝廷對皇后常服做
出具體規定：戴龍鳳珠翠冠、穿紅色大袖衣，衣上加霞
帔、紅羅長裙、紅褙子，首服特髻上加龍鳳飾，衣繡有
織金龍鳳紋，加繡飾。

■ **清代**：皇帝的常服為對襟平袖的外褂、圓領袍，一般男
子的常服為長袍配馬褂、馬甲。漢族女子的服裝吸納了
一些旗裝要素，如琵琶襟，以及領、袖、下擺緣上的繁
複花邊「十八鑲」等；滿族女子的服裝為馬褂、坎肩、
褂襴、裙子、雲肩等。

古代的官服

官服在每個朝代都留下了深刻的印記，由簡陋單一逐漸
演變成系統完善的服飾體系。官服一般由冕服、朝服、祭
服、公服、常服等組成，其中冕服、祭服在古代禮服一節中
已經講述，常服也在上文提及，故不過多描述，本節主要介
紹朝服及公服。

周代的朝服為弁服，分為韋弁、皮弁、冠弁、爵弁四
種形式。韋弁為兵事時所穿，皮弁服為日朝之服。這裡的
「朝」，據賈公彥注疏，解釋為日朝。「朝服」是日朝之服，
皮弁服為天子之朝服；在祭祀那天，也穿此服。皮弁服是

第六章　古代的禮服

十五升白布衣，積素以為裳的服裝；他國之臣的吊事也穿皮弁服。冠弁服為甸（田獵）時的服飾。

　　秦代崇尚黑色，規定衣服以黑色為最上。同時規定了官員的服色，三品以上的官員穿綠袍，庶人穿白袍。官員頭戴冠，身穿寬袍大袖，腰配書刀，手執笏板（上朝用的記事工具），耳簪白筆。當時的男子多以袍服為貴，袍服的樣式以大袖收口為多，一般都有花邊。百姓、勞動者或束髮髻，或戴小帽、巾子，身穿交領長衫，窄袖。

　　西漢，官服只不過是一種長袍，而且官員一年到頭都要穿這種黑色的袍服。由於官服相同，只能靠冠帽來區分官職的不同和級別，不同的官員佩戴的冠帽也不同。自周代開始，官員們就要佩戴綬帶。這種官綬制度在漢代依然被嚴格執行著。

　　唐代，冕服只在盛大的典禮時穿；其他日子，皇帝百官統一穿規定的朝服、公服及常服。朝服是上朝時穿的服裝，只限七品以上的官員穿。公服又叫省服，與朝服基本相同，但更為簡便一些。常服以襴衫為主，是一種圓領窄袖、左右開衩的長袍。官服的色彩被定型下來，三品以上服紫，四品五品服緋，六品七品服綠，八品九品服青，婦人從夫色，一直影響到清代。唐代的官服比以前任何一個時代都要漂亮，且自成體系，官袍用綾做成，以不同顏色花紋作等級區分，

文官繡禽，武官繡獸。

　　宋代，朝服的式樣基本與唐代相同，僅將進賢冠的梁數做了改動，由二梁開始，直至五梁。到元豐二年（西元一〇七九年），宋神宗廢除了隋唐以來依照官員品級確定冠綬的規定，改由官員職位決定服飾，共分為七等冠綬。官員穿朝服後，在脖子上套一個上圓下方的飾物，叫做方心曲領，暗合天圓地方之說。宋代官服變化最大的是襆頭，唐代的軟襆頭在宋代變成了一種硬梆梆的帽了，有了固定的形狀。官員最常戴的是直腳襆頭，腦後有兩根直尺一樣的腳，水平伸出，開始較短，後來越伸越長。

　　元代中期，元仁宗在保持蒙古人固有衣冠的基礎上，下令中書省規定服色等級，規範了衣冠服飾制度。在唐、宋官服式樣的基礎上，確定了和它們大致相似的冕服、朝服、公服。

　　明太祖洪武二十六年（西元一三九三年），法令規定：文武百官的朝服都沿襲唐、宋朝服的式樣，外穿紅羅上衣、下裳和蔽膝，內穿白紗單衣，足登白襪黑履，腰束革帶和佩綬，頭戴梁冠。官員的等級透過冠的梁數和綬帶的紋飾表示。明代官員在重大朝會的場合要穿公服，公服由展腳硬襆頭和盤領寬袖長袍組成，袍服的顏色根據官品而定，官員的常服為補服。

第六章　古代的禮服

　　清代，官服通常為藍色，只在參加慶典時穿絳色官服；外褂在平時都是紅青色，素服時，改用黑色。清廷規定百官禁止穿明代官服，但明代的補子為清代官服所沿用，圖案內容大體一致，改為單禽。各品級略有區別。文官：一品鶴，二品錦雞，三品孔雀，四品雁，五品白鷴，六品鷺鷥，七品鸂鶒，八品鵪鶉，九品練雀。武官：一品麒麟，二品獅，三品豹，四品虎，五品熊，六品彪，七品、八品犀牛，九品海馬。另外，御史與諫官均為獬豸。與明代相比，清代的補子相對較小，前後成對，但前片一般是對開的，後片則是一整片，主要原因是清代補服為外褂，形制是對襟。一般清代官服以頂戴花翎顯示其不同的身分和地位。官服中的禮冠名目繁多，有朝冠、吉服冠、行冠、常服冠、雨冠等。腰上的掛件，最初只有兩三種，後來越來越多，包括香荷包、煙袋、扇套等。另外一種重要的服裝是「黃馬褂」，是皇帝賞賜給有功之臣的，穿上它擁有特殊的權利，即使犯了罪也不用受杖刑，因為打黃馬褂等於打皇帝。

古代的婚禮服

　　婚禮服是諸多禮服中比較特殊的一種，專指結婚時新郎、新娘穿的禮服。我們現在比較熟悉的傳統婚禮服是新郎長袍馬褂、胸前紅花，新娘鳳冠霞帔、紅襖羅裙或團衫褙

子，這是明清以後才形成的一種婚禮服。而早期的婚禮服，可能不像現在人想像得那麼喜慶、漂亮。

周代婚制中的禮服崇尚端正莊重，與後世婚制中有所不同。婚服的色彩遵循「玄纁（ㄒㄩㄣˊ）制度」。新郎服飾為爵弁，玄端禮服，緇袘（一ˊ）纁裳，白絹單衣，纁色的韠，赤色舄（或履）。舉行婚禮的時候，新娘穿玄色純衣纁袡（ㄖㄢˊ）禮服，拜見公婆時則穿宵衣。

春秋戰國時期，據《儀禮‧士昏禮》記載，成親時，新郎頭戴纁色爵弁，身穿「纁裳緇袘」，坐著墨車；新娘頭戴一種叫「次」的假髮，身穿「純衣纁袡」；隨行者也都穿戴黑色衣飾；主人身穿玄端。此時參加婚禮者的衣料雖比較高檔，但所有人衣服的顏色都是黑色，絲毫沒有後世喜慶的色彩。

秦漢時期，皇太后、太后、公卿夫人等的婚禮服採用深衣製。襌衣內有中衣、深衣，其形無大區別，只是袖形有變化，都屬於單層布帛衣裳。漢代時曾採用十二種色彩的絲綢，設計出不同身分的人穿用的婚禮袍服。

唐代，婚禮服融合了前代的莊重神聖和後世的熱烈喜慶，男服緋紅，女服青綠，也就是現在所說的紅男綠女。男子穿假絳公服親迎，有人認為這是紅色婚服的起源；女子則「花釵青質連裳，青衣革帶韈履」，頭上的配飾為金銀飾以琉

第六章　古代的禮服

璃等的鈿釵，鈿釵有品級。「花釵青質連裳」說的是釵鈿禮服，在花釵大袖襦裙或連裳的基礎上發展出來，層數繁多，穿時層層壓疊著，然後再在外面套上寬大的廣袖上衣。穿這種禮服，髮上還簪有金翠花鈿，所以又稱「鈿釵禮衣」，鈿釵禮衣常作為唐代通用的歸嫁禮服。唐代以後，繁複的釵鈿禮衣有所簡化，成為一般意義上的花釵大袖衫。

到了宋代，則崇尚簡約。女子婚服雖然已經不是隆重繁複的釵鈿禮衣，但依然是花釵大袖禮服。男子婚服制：三捨生及品官子孫可假穿九品幞頭公服，其餘庶人著皂衫衣、折上巾。

明代，庶民女子出嫁時可享受命婦穿戴鳳冠霞帔的殊榮，如同庶人男子親迎可著九品官服（明朝九品官服是青綠色，文官補子為鵪鶉，武官補子為海馬）。除鳳冠霞帔外，女子的婚服還有真紅褙子、紅羅裙、真紅大袖衣、圓領女蟒服（同夫級別）、大紅褶裙。

清代漢族新娘通常穿紅底繡花的襖裙或旗袍，身披背心式彩霞帔，頭上插紅花，腳穿紅色繡花鞋，拜堂時頭戴大紅色蓋頭。新郎通常穿青色長袍，外罩黑中透紅的紺色馬褂，佩戴暖帽，並插赤金色花飾（稱金花），拜堂時身披紅帛（稱披紅）。

▍鳳冠霞帔

　　新娘的禮服是婚禮服中最好看的、最喜慶的，也是最煩瑣的。因冬夏季節不同或個人興趣愛好不一樣，新娘禮服的具體搭配也不完全相同，大致可分為簡、繁兩種。簡約的新娘禮服可視為新式的婚禮服，即盤髮旗袍。煩瑣的新娘禮服也就是傳統的婚禮服，即身穿紅襖羅裙，外套團衫褙子，頭戴鳳冠，身披霞帔，簡稱「鳳冠霞帔」。

　　鳳冠，原本是古代貴族婦女所戴的禮帽，因上有金玉製成的鳳凰形裝飾，故稱鳳冠。冠上飾件以龍鳳為主，龍用金絲堆累工藝銲接，呈鏤空狀，富有立體感；鳳用翠鳥羽毛黏貼，色彩經久豔麗。冠上所飾珍珠、寶石及重量，各不相等；冠上嵌飾龍、鳳、珠寶花、翠雲、翠葉及博鬢。這些部件都是先單獨做成，然後插嵌在冠上的插管內，組合成一頂鳳冠。鳳冠造型莊重，製作精美，其工藝有花絲、鑲嵌、鏨雕、點翠、穿繫等。最後的組裝更是一項非常複雜的工序，各飾件的放置，幾千顆珍珠的穿繫，幾百顆寶石的鑲嵌，集諸多飾物於一冠，安排合理。鳳冠口銜珠寶串飾，金龍、翠鳳、珠光寶氣交相輝映，富麗堂皇，非一般工匠所能達到。鳳冠上金龍升騰奔躍在翠雲之上，翠鳳展翅飛翔在珠寶花葉之中。後來，因其龍鳳呈祥的美好寓意，遂成為漢族傳統婚禮中新娘的盛飾。

第六章 古代的禮服

　　霞帔，唐代時，指繡有霞紋的披肩，一度作為道士服的代稱。宋代以後，則專指命婦的禮服，成為表明身分的一種服飾。明清時期，霞帔繼續作為命婦的服飾，形制進一步變化。主要表現在文武官夫人霞帔的胸背正中有鳥禽類的補子，下端改用流蘇綴飾，霞帔整體放寬如背心，平民婦女在出嫁時與入殮時也可穿戴。後來它也成為漢族婚禮中新娘的冠飾，用以襯托吉祥富貴、喜慶熱烈的氣氛。

清代的霞帔

▌紅襖羅裙

　　紅襖通常與羅裙配套穿，統稱「襖裙」。紅襖羅裙既可單獨穿，用作結婚禮服；也可穿在裡面，外面再套上團衫或褙子。

　　襖有悠久的歷史，是在襦的基礎上發展而來的一種服裝。起初，襖與襦混稱「襦襖」，後來才與襦區分開來。襖是一種短於衫長於襦、有襯裏的上衣，大多用五彩繡羅或錦緞等厚實的織物製作而成，多用以保暖禦寒，秋冬季常見。因有襯裏，又被稱為「裌襖」；那些蓄有棉絮的襖，俗稱為「棉襖」。襖最初的形制很少用對襟，一般多為大襟、窄袖，後來逐漸出現對襟襖。唐宋以後，男女皆可穿。有的人將其穿在長衣之內，用來保暖。明清時期，出現各種顏色的襖。其中，紅襖多為女子穿著，逐漸成為一種新娘的婚禮服。

　　羅裙，即用絲羅製作的裙子。因中國古代勞動人們較早掌握養蠶繅絲的技術；並且裳與裙子有著千絲萬縷的連繫，使裙子在中國有悠久的歷史。裙子在漢代時已流行，不過當時多為麻、帛製成的黃裙，貴婦穿羅裙。梁江淹的〈別賦〉最早（在文學作品中）提到羅裙：「攀桃李兮不忍別，送愛子兮沾羅裙。」唐代，裙子成為女子的普遍服飾，加上經濟較發達，絲織裙子非常流行，款式多樣，如石榴裙、百鳥裙、間色裙等。這時的裙子也成了唐詩中的重要意象，如白

居易〈琵琶行〉說「鈿頭雲篦擊節碎，血色羅裙翻酒汙」。還有那句膾炙人口的「遍身羅綺者，不是養蠶人」（張俞的〈蠶婦〉）。宋代流行印花羅百褶裙，「坐時裙帶牽素手，行即羅裙掃落花」。明清時期，女子在舉行婚禮時穿紅羅裙，此時的紅羅裙已成為一種常見的婚禮服。

▌褙子、團衫

褙子、團衫是古代婦女的日常服飾，都可作為外衣。

褙子，也寫作「背子」，又名「罩甲」。褙子始創於秦，漸為庶民著裝，是一種由半臂或中單演變而成的上衣。形製為對襟，兩側從腋下起不縫合，多罩在其他衣服外面。唐代，多為短袖上衣。兩宋時期因受程朱理學的影響，人們開始追求質樸的穿衣風格，男女皆服。但因時間和場合不同，其形制、式樣也有很多變化。此時褙子主要有三種式樣：一種為貴族男子穿在禮服內的襯衣，形製為長袖、兩腋開衩，較長過膝；一種為儀帳制服，對襟、袖短，長至膝；一種為婦女便服，其制與其他兩種類似，只不過在衣袖上有區別，袖有寬窄。女子的褙子則外穿，並成為典型的常服款式。元代，褙子一度作為妓女服飾。明代，它被稱為披風，更為流行，可作為后妃的常服，也可作為命婦的禮服，多為四開衩樣式。

團衫起初是蒙古貴族女子的常服。因其袍身寬大，衣長拖地，袖肥口窄，故稱團衫。它採用的面料多為織金錦、絲絨或毛織品等，流行使用紅、黃、綠、茶、胭脂紅、雞冠紫、泥金等色彩。延續至明代，團衫成為北方漢族婦女的常禮服。明代文人陶宗儀的《輟耕錄・賢孝》中就說：「國朝婦人禮服，達靼曰袍，漢人曰團衫，南人曰大衣，無貴賤皆如之。」指出團衫在不同民族的稱謂。

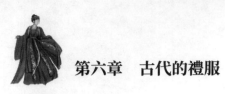

第六章　古代的禮服

第七章
飲食文化

第七章　飲食文化

▎飲食文化釋義

　　有句古語：「倉廩實而知禮節，衣食足而知榮辱。」指人們只有吃飽穿暖了，才會懂得禮義廉恥。人類必須解決飲食這個首要問題，才能談得上其他社會生活。

　　我們這裡講的飲食文化，又稱飲食習俗，或者簡稱食俗。它伴隨著人類社會逐漸發展，是關於人們日常生活中的食物、飲料及其加工方式、食用習慣的一種風俗文化。飲食這個詞既可以作名詞也可以作動詞，名詞指各種飲品和食物；而作為動詞，簡單說就是「吃什麼」、「怎麼吃」和「為什麼吃」。

　　我們知道，不同國家有不同的飲食特色與文化風俗。中國飲食文化豐富多彩、博大精深，蘊含物質層面與精神層面雙重含義。中國人對飲食特別重視，換言之，飲食對中國人的文化心理結構有著深刻影響，這從很多詞彙中可以看出。有很多典故、寓言、成語、熟語直接來自飲食文化，比如嫉妒叫「吃醋」，光吃飯不做事叫「吃白飯」，經歷失敗吸取教訓叫「吃一塹長一智」……除了直接帶吃字的，還有間接與吃字有關的，如魚肉百姓、魚米之鄉、巧婦難為無米之炊、魚與熊掌不可兼得、薑還是老的辣等，可見飲食文化無所不在，滲入了中華文化的各方面。

▌飲食文化的類型

飲食文化是中國傳統文化的重要組成部分，在漫長的歷史進程中，逐漸形成了自己獨特的飲食民俗，創造了具有獨特風味的中國飲食文化。中華飲食文化內涵豐富，大致形成了四種基本類型：

- **居家食俗**：居家食俗是人們日常生活中普遍流行的一種飲食習俗，內容豐富，範圍極廣。主要包括每天用餐的次數和時間、用餐時的座次安排和程式、一年四季主副食結構的調整和變化等內容。

- **節日食俗**：節日食俗是飲食文化中表現最豐富，也是最富有民俗文化特色的習俗。幾乎每個節日都有與其相應的食品，如正月十五吃元宵，二月二吃炒豆，五月五吃粽子，八月十五吃月餅，九月九喝菊花酒，臘月初八喝臘八粥，大年三十包餃子、吃年糕等。在漫長的歷史歲月裡，節日與飲食相輔相成，飲食因節日而家喻戶曉，節日因飲食而久傳不衰。

- **信仰食俗**：信仰食俗自古有之，主要包括祭祀供奉和飲食禁忌兩個方面。祭祀供奉，就是拿活人飲食給鬼神享用以示虔誠，反映了人們對鬼神、死人的畏懼心理；飲食禁忌或來自宗教信仰，或來自生活經驗的總結。

■ **儀禮食俗**：儀禮食俗主要指從社會需要出發舉行的各種
儀禮性的宴飲活動。民間的儀禮食俗豐富多彩，直到今
天仍有不少遺留，如婚禮中的「交杯酒」等，都有祝吉
的含義。

食色性也

「食色性也」，出自《孟子‧告子上》。告子是戰國時
期的思想家，傳說是孟子的學生，也有人說是墨子的學生。
在人性論上，他主張「性無善無不善」說，與孟子的「性善
論」和荀子的「性惡論」共同構成了中國古代對人性的三種
基本認識。有一次，孟子和告子討論人性的時候，告子就說
了上面這句話：「食、色，性也。仁，內也，非外也。義，
外也，非內也。」在這裡，「食」是飲食、食慾的意思，

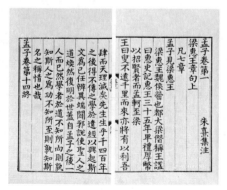

《孟子》

「色」是美色、性慾的意
思。告子的意思是，飲食
和色慾，是人類的本性。
「仁」是內在的，是先天
具有的，而不是外在的；
「義」則是外在的，是後天
學習的，而不是內在的。

《禮記‧禮運》篇中也說過：「飲食男女，人之大欲存焉。死亡貧苦，人之大惡存焉。」意思是：飲食之需和男女之情，是人類具有的普遍慾望；而生老病死和貧窮苦難，則是人類普遍厭惡的事情。「飲食男女」，也就是告子所說的「食色」。這說明，在「飲食」和「男女」問題上，古代的許多思想家具有相同的觀點。

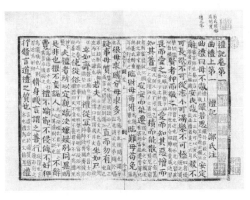

《禮記》

從人類發展的角度來說，也確實如此。「飲食」即吃喝，是保證個體生存的前提；「男女」即生育，是保證人類繁衍的前提。如果失去了這兩人前提或者失去了其中任何一個前提，人類也就不復存在了。這正是「上帝造人」的高明之處。「食色性也」一語不僅指出了男女生育對人類繁衍的重要性，而且肯定了飲食對個人生存的重要性；從中也能看出飲食文化在中華文化中的重要地位。

第七章　飲食文化

▌飲食文化的起源

　　中國飲食文化歷史悠久，從產生、發展到繁榮，經歷了漫長的過程。尋找食物是動物的本能，人類正是在尋找食物的過程中，逐漸脫離動物而進化成人的。遠古之初，原始人類與其他動物一樣，只是將飲食視作人類的一種生存本能，是一種自然的生理需求，遠遠談不上「文化」二字，這是飲食發展的第一階段 —— 自然飲食階段，又可稱為生食階段。在這一階段，人類只會像其他動物一樣採集植物的果實、嫩葉、根莖，捕捉鳥獸蟲魚等可食用的東西以維持生命。

　　人類飲食發展的第二階段是調製飲食階段，又叫做熟食階段。熟食的象徵是人類對火的使用。人類在尋找食物的過程中學會了簡單勞動，促使前肢進化為手臂，後肢進化為腿腳，逐漸能夠直立行走，大腦也逐漸發達，便開始使用火。最初的火，可能來自閃電起火、火山爆發、枯草自燃，一些動物因來不及逃跑被燒死，散發出陣陣香氣，吸引了人類，先民便開始利用自然火烹製食物。後來為使自然火不熄滅，又發明了人工取火。

　　據考證，地處山西最南端的風陵渡是目前已知的點燃天下第一支火把的地方。生活在風陵渡一帶的西侯度人首先在這裡學會了取火，把人類用火的歷史推到一百八十萬年前，他們被稱為「人類烹調之祖」。火的使用，象徵著人類與動

物的分離，用火烹食是人類發展史上一件了不起的大事。它減少了人類對大自然的依賴，擴大了食物來源，大大減輕了腸胃的負擔和損耗，減少了疾病，增強了體質。人類開始用自己的智慧和技能創造飲食，並從飲食活動中萌生出對精神層面的追求，飲食已經初步具有文化的意味。

▌早期的飲食製作方法

蒙昧時代，人類的飲食方法與動物並無區別。他們進食是生吞活剝，食物原料就等於美味佳餚。火的發現與運用使人類結束了茹毛飲血的時代，進入了烤炙熟食的文明時代，飲食製作方法也隨之發展起來。

飲食製作又稱烹飪，「烹」是煮的意思，「飪」是熟的意思，故烹飪最初的含義就是用火把食物煮熟。早期的烹飪方法比較簡單，是將食物直接放在火上燒烤，即「火烹法」。這種製作方法容易使食物焦糊，並受到草木灰汙染。後來人們又逐漸發明出間接燒烤的方法，有「石烹法」，即把食物放在燒熱的石板上燔（ㄈㄢˊ，焚燒），類似於現在的烤地瓜，後來炊具的發明應是受到這種方法的啟發；除此之外，還有「包烹法」，就是將食物裹上草或泥再燒烤，叫花雞便是運用了這種製作方法，將加工好的雞用荷葉和泥土包裹起來燒製。

第七章　飲食文化

　　到新石器時代以後，人類進一步發明了用火燒製各類陶器、炊具、食具和盛器，我們祖先的飲食烹飪方法也隨之有了進一步的發展，可以用蒸法、煮法等。《詩經・大雅・生民》有「釋之叟叟，蒸之浮浮」，是關於蒸飯過程的描述，「釋」指淘米，「叟叟」是淘米聲，「浮浮」是熱氣騰騰的樣子。在殷商的出土文物中有一種叫「鬲」（ㄌㄧ ˋ）的器具，寬口、圓腹、三足，樣子像鼎，是當時用於燒煮或烹炒的煮具；再如甑（ㄗㄥ ˋ），是一種下部水肉、中間隔開、上面放糧米的蒸具。也有人認為是「鬲上甑下」，甑是一種底部有許多透蒸汽的小孔、放在鬲上蒸煮食物的器具，相當於現在的蒸鍋和籠屜。

火烹法

　　早期的飲食製作方法雖然簡單，但為後世的烹飪奠定了基礎。後來，花樣繁多的焙、燉、汆、燜、涮、燴、煲等多種烹飪方法均由此發端。

118

▍儀禮食俗

　　儀禮食俗主要不是從生理需求出發，而是從社會需求出發而舉行的各種儀禮性的宴飲活動。其中，最典型的儀禮食俗就是宴會。

宋代石棺宴飲雜劇圖

　　宴會不同於日常用餐，具有一定的儀式，分「公宴」和「私宴」。凡是在公眾場合舉辦的具有複雜儀禮的國宴、官宴、船宴、園宴、野宴等，統稱「公宴」或「正宴」；而民間家庭中舉行的婚宴、壽宴、接風、餞行等，統稱「私宴」。凡宴席，都有主席（或稱東道主）。在後面「酒文化」一節中還會進一步講解。

　　在宴席這種儀禮食俗中，除了品嘗美味佳餚外，還有增進感情、籠絡人情、官場縱橫、商品交易等深層意義。即便是私宴中沒有什麼儀禮的「便宴」，也往往具有這種意義。

　　《周禮》中就有「鄉飲酒禮」、「士昏禮」、「公食大夫

第七章　飲食文化

禮」、「殽燕禮」等名目規定，其禮各異。歷代封建王朝的正宴，現在雖然不能全部得知，但仍有資料可查。其實，有些朝代的宴會的奢侈是可想而知的。《武林舊事》卷九「高宗幸張府節次略」條，記載了南宋張俊請高宗皇帝參加家宴的軼事。這次家宴共分三輪，每一輪都有多行、數味，從中可以想像當時御宴的富貴奢侈和煩瑣複雜。

▌豪華的宴席

《武林舊事》卷九「高宗幸張府節次略」條，記載了南宋紹興二十一年十月甲戌日（西元一一五一年十一月十七日），宋高宗「幸張俊第」時，張俊宴請宋高宗的一次宴席。這次宴席共分三輪、多行、數味。

第一輪是初獻，第一行是「繡花高飣一行八果壘（ㄌㄟˊ）」，包括香圓、真柑、石榴、橙子、鵝梨、乳梨、榠楂等八種水果；第二行是「樂仙乾果子叉袋兒一行」，包括荔枝、龍眼、香蓮、榧子、榛子、松子、銀杏、梨肉、棗圈、蓮子肉、林檎旋、大蒸棗十二種乾果；第三行是「縷金香藥一行」，包括腦子花兒、甘草花兒、硃砂圓子、木香丁香、水龍腦、史君子、縮砂花兒、官桂花兒、白朮人參、橄欖花兒十種香花；第四行是「雕花蜜煎一行」，包括雕花梅球兒、紅消兒、雕花筍、蜜冬瓜魚兒、雕花紅團花、木瓜大段

兒、雕花金桔、青梅荷葉兒、雕花姜、蜜筍花兒、雕花橙子、木瓜方花兒十二種果脯；第五行是「砌香鹹酸一行」，包括香藥木瓜、椒梅、香藥藤花、砌香櫻桃、紫蘇柰香、砌香萱花拂兒、砌香葡萄、甘草花兒、薑絲梅、梅肉餅兒、水紅姜、雜絲梅餅兒十二種蜜餞；第六行是「脯臘一行」，包括線肉條子、皂角鋌子、雲夢犯兒、蝦臘、肉臘、奶房、旋鮓、金山鹹豉、酒醋肉、肉瓜齏十種肉製品；第七行是「垂手八盤子一行」，包括揀蜂兒、番葡萄、香蓮事件念珠、巴欖子、大金桔、新椰子象牙板、小橄欖、榆柑子八種珍稀水果。

再二輪是「再坐」，包括「切時果一行」八種水果、「時新果子一行」、「雕花蜜煎一行」、「砌香鹹酸一行」、「瓏纏果子一行」各十二種、「脯臘一行」十種，還有「下酒十五盞」，每盞兩種，共三十道菜。

第三輪是「插食」，包括炒白腰子、灸肚胘（ㄒㄧㄢˊ）、灸鵪子脯、潤雞、潤兔、炙炊餅、不炙炊餅、欒（ㄌㄨㄢˊ）骨八道，另外還有「勸酒果子十道」、「廚勸酒十味」、「上細壘四卓」、「次細壘二卓」、「對食十盞二十分」、「對展每分時果子盤兒」、「晚食五十分各件」。

此外，還有「直殿官大碟下酒」十一道、「直殿官合子食」十一道菜、「直殿官果子」十碟。

總之，看都看不過來。

第七章 飲食文化

▌飲食禁忌

在中國的飲食文化習俗中，有很多飲食禁忌，反映出古人尊老敬神、趨利避害等。比如有長輩時晚輩忌吃第一碗飯，否則會被視為對長輩不敬；忌用一隻手給長輩遞東西、遞飯，否則便是對尊長的不敬；吃飯忌用手直接抓食物，忌打嗝、打呵欠，既不雅觀，也不尊重他人。正月初一往往不吃生食，人們認為熟則順，生則逆，吃生食意味著全年不順，需將食物回鍋。

我們需要掌握飲食禁忌方面的知識。中國古代在這方面累積了相當豐富的經驗，中醫學著作《金匱要略》中有「禽獸魚蟲禁忌並治」和「果實菜穀禁忌並治」的內容。後世不斷完善和補充飲食禁忌理論，形成了一整套較為完整的理論。如根據體質不同確定飲食禁忌：形體白胖、形寒肢冷等陽虛體質者，當忌苦味、涼寒食物，如菜瓜、竹筍、柿子、石榴等；形弱消瘦、口燥咽乾、少眠心煩等陰虛體質者，當忌辛溫、辛熱食物，如姜、椒、蒜、韭等；膚色晦滯、口唇色暗、眼眶暗黑等瘀血體質者，當忌苦酸、寒性食物。再如根據不同的氣候與地域確定飲食禁忌：居住高寒、寒溼地區者，忌清涼降火性質食物，如水果、蔬菜、海產品等；居住溫熱、溼熱地區者，忌辛熱補陽類食物，如花椒、辣椒、羊肉、狗肉等。

　　由此可見，古人的飲食禁忌之多，涉及飲食文化的各
方面。

第七章　飲食文化

第八章
糧食與食品

第八章　糧食與食品

▎古代的五穀

　　穀物，是人類食物結構中非常重要的一類。商周時期稱黍、稷、麥、菽、麻為五穀，可見五穀中本無稻。這是因為古代的經濟文化中心在黃河流域，而稻主要生長在南方。後來則稱稻、黍、稷、麥、菽為五穀。

　　稻，即水稻，脫殼後叫稻米，除實用外，可用來製作澱粉、釀酒、製糖等。黍，名稱古今一致，或稱黃米；黍比小米稍大，煮熟後有黏性，可以釀酒、做糕。稷，古代又稱粟或禾，現在稱穀子，脫殼後叫小米。麥，本義是帶芒的穀類，後世用作大麥和小麥的合稱，一般專指小麥，加工成粉後叫麵粉，可以製成各種麵食品，是當今華人的主食。中國的小麥按種植時間可分為春小麥和冬小麥。菽，即大豆，古代作為豆類的總稱，是耐寒、耐貧瘠的作物。古人認為大豆具有保歲的作用，如《氾勝之書》上說：「大豆保歲易為，宜古之所以備凶年也。」所以，菽多為貧苦百姓所食。麻，今稱大麻，是上古時期重要的纖維作物兼糧食作物，開花而結子者為「苴」，其籽食叫「麻子」，是上古時期的一種重要糧食作物，但主要是貧苦人所食；只開花不結籽者為「枲（ㄒ ˇ）」，其麻稈的韌皮纖維長而堅韌，可供紡織。

　　其實在古代文獻的記載中，「五穀」所指並不確定。《周禮》中說：「以五味、五穀、五藥養其病。」鄭玄將其注釋

為：「五穀，麻、黍、稷、麥、豆也。」《孟子》中說：「樹藝五穀，五穀熟而民人育。」趙岐將其注釋為：「五穀謂稻、黍、稷、麥、菽也。」《楚辭》中說：「五穀六仞。」王逸將其注釋為：「五穀，稻、稷、麥、豆、麻也。」

一般來說，「五穀」為穀物的泛稱，不一定限於五種，像五穀豐登、五穀不分都是這種用法。

最早人工種植的農作物

距今七千多年前的河姆渡文化是中國長江中下游地區新石器時代文化的代表，在河姆渡文化遺址中發掘出相當數量的稻粒和稻草，可看作是南方人種植水稻的證據；距今五六千年前的半坡文化是中國黃河中游地區新石器時代仰韶文化的代表，半坡遺址出土了一罐已經碳化的粟（或謂黍，或謂稷），這說明，北方的黃河流域已普遍種植粟。這兩個發現證明：中國是世界最早種植稻和粟的國家，南方人食稻米、北方人吃小米的飲食格局在新石器時代已經形成。

除稻、粟外，五穀中的麥、菽、麻亦出現頗早。小麥原產於六千年前的古埃及，中國最早的小麥出土於新疆、甘肅等地的舊石器時代遺址，在安徽亳州的新石器時代遺址中也發現了碳化麥粒，距今已有四千多年的歷史。菽即大豆，是中國特產，早在新石器時代便已有人栽培，在四千多年前

第八章　糧食與食品

已成為重要食品，現在北京自然博物館裡還保存著山西侯馬出土的兩千三百年前的十粒大豆。春秋戰國時的史料中通常將菽、粟並舉，視為庶民百姓的活命之本和國家糧食儲備之基。中國也是世界上種植大麻歷史最為悠久的國家，大麻盛產於黃河中下游流域，距今有四五千年的栽培歷史。

▌中國大豆

大豆原產於中國，古時候稱為菽，距今已有四五千年的栽培歷史。到了清代，大豆才開始向國外傳播。西元一七四〇年，大豆作為珍貴新奇之物傳到法國巴黎的植物園，一七九〇年傳入英國，一八四〇年傳入義大利，一八七〇年傳入德國。一八七三年，世界萬國博覽會在奧地利首都維也納舉行，圓滾滾、金燦燦的中國大豆引起了西方人極大的興趣，從此，中國便有了「大豆王國」之稱。

但在最初，歐洲人只把大豆作為觀賞植物，就像番茄剛傳到中國的時候，我們只是將它栽在花盆裡當花一樣。西元一八八五年年，一位法國領事從中國引進大豆種，經過巴黎遠方植物學會的提倡，大豆開始在歐洲大陸上試種。一九〇八年，兩千噸中國大豆運抵英國後，歐美開始大面積種植大豆。至一九三〇年代，大豆栽培已遍及全球。大豆一詞，在英語中為 soy，發音很像漢語中「菽」的發音，此外，

大豆在法、德、俄文中的發音也接近「菽」。

　　大豆由於單產低於粟、麥、稻，後來逐漸向著副食方向發展，產生了豆醬、豆腐、豆豉等新的食物品種。

▍蜀秫與高粱

　　秫是「粱米、粟米（即穀了）之黏者（即黏高粱）」，粱是「粟米之優者（粟的優良品種的總稱）」。為什麼人們總是稱「蜀秫」為「高粱」呢？

　　蜀秫，即高粱，也是中國原產的古老農作物，古代稱為「藋粱」、「木稷」、「楊禾」等；因最早出自古代巴蜀地區，又是一種有黏性的粱米，故又稱「蜀黍」或「蜀秫」、「黍秫」。三國魏張揖編著的《廣雅》是最早的一部百科詞典，其中《釋草》部記載：「藋粱，木稷也。」西晉張華的《博物誌‧卷四‧物理》篇記載：「《莊子》曰：地三年種蜀黍，其後七年多蛇。」意思是：《莊子》這本書中曾經說，如果一塊地裡連續種三年蜀黍，那麼在接下來的七年裡，這塊地裡就會有很多蛇。但是，今本《莊子》中並未見有關蜀黍的記載。清代學者王念孫《廣雅疏證》進一步闡釋了「木稷」的源流：「今之高粱，古之稷也。秦漢以來，誤以粱為稷，而高粱遂別名木稷矣。又謂之蜀黍。《博物誌》云：『地三年種蜀黍，其後七年多蛇。』王禎《農書》云：『蜀黍，

一名高粱，一名蜀秫，一名蘆穄，一名蘆（上鹵下米），一名木稷，一名荻粱。以種來自蜀，形類黍稷，故有諸名。』」可見，蜀秫的種植歷史由來已久，漢魏之際已見於記載，大約宋元以後才開始大面積種植。

黍秫之所以被稱作高粱，大概有兩個原因：一是粒大飽滿，從外形看極像「粱」；二是植株高大，稭稈外表光滑堅硬，內裡軟而輕，在農村經常被用作修改房屋的建築材料。高粱由於莖稭高大可以藏人，因此，高粱地又俗稱「青紗帳」。清代紀曉嵐的《閱微草堂筆記》記載：「驢諒逸，入歧路，蜀秫方茂，斯須不見。」。

▎黃粱一夢

「黃粱一夢」是一個常見成語，本義是在煮黃米飯的時間裡做了一場美夢，多用來比喻虛幻不實的夢想。

該成語出自唐代沈既濟的傳奇小說〈枕中記〉。大意是說：道士呂翁會神仙術，在一家客棧裡，遇見一位年輕人盧生。盧生一副窮困落魄的樣子，看見呂翁，就向呂翁訴說壯志未酬的鬱悶。呂翁從布囊中取出一個青瓷枕頭，對盧生說：「你枕著這個枕頭睡上一覺，就會得到榮華富貴，一切就會稱心如意了。」當時，旅館的主人正在煮黃米飯，離開飯時間尚早，盧生就枕到青瓷枕頭上。沒想到，盧生頭剛著

枕，就看見枕頭兩端的孔竅越變越大，枕頭裡面明亮如畫，盧生縱身跳了進去，到了一個全新的世界。在這個全新的世界裡，盧生娶了清河富戶崔家的小姐為妻，家境越來越富足。第二年他又考中了進士，在仕途上一帆風順，步步高陞，從監察御史、同州知府、河南道採訪使，一路做到京兆尹、戶部尚書、宰相，最後被封為燕國公。雖然仕途險惡、屢經艱險，到底還是位極人臣、光宗耀祖。妻子前後為他生了五個兒子，都和名門望族結了親，而且也都做了大官；一共有十幾個孫子，個個聰明出眾。可謂是子孫滿堂，福祿齊全。後來，盧生一直活到八十多歲才壽終正寢。夢一結束，盧生就醒了。他環顧四周發現，旅館主人煮的黃米飯還沒熟，周圍的環境也一切如舊。盧生忽地一下坐起來，自言自語地說：「難道剛才是做了一個夢嗎？」道士呂翁笑著說：「人生的榮華富貴，也不過如此啊！」盧生終於大徹大悟，拜謝而去。

▎古代的麵食

用小麥加工磨成的粉稱為「麵粉」，用麵粉製作的食物統稱「麵食」。吃麵食的習慣大約開始於戰國時期，但那時候主要是用石臼、石杵將小麥搗成粉，既費時又費力，所以，當時吃麵食的人很少。西漢時石磨的發明，大大提高了

糧食加工的效率和品質，為麵食品種的出現和豐富創造了良好的條件，吃麵食的習慣逐漸在北方普及開來。

早期的麵食統稱為「餅」。「餅」就是「並」的意思。因為早期的麵食都是將麵粉加水和成麵糰後，用兩手團在一起，拍成餅狀，然後再加工成熟食，因此，凡是用麵粉做成的食品統稱為「餅」。《釋名・釋飲食》中就說：「餅，並也，溲麵使合併也。」從字源上來說，「餅」字最早見於《墨子・耕柱》篇：「今有一人於此，羊牛芻豢，饔人但割而和之，食之不可勝食也，見人之作餅，則還然竊之，曰舍余食。」說明春秋戰國時期，就已經有了「餅」這種食品。

因為加工製作的方法不同，古代的餅也有不同的稱呼。比如在爐火上烤熟的餅叫「爐餅」、「燒餅」、「胡餅」（芝麻燒餅），在籠屜裡蒸熟的餅叫「籠餅」、「蒸餅」、「麵起餅」，在水中煮熟的餅叫「湯餅」、「水餅」等。但早期的餅都不是發麵的，最早的發麵食品出現於魏晉時期。發麵食品不僅吃起來口感更好，而且更容易被人體消化和吸收，在當時被稱為「麵起餅」。

籠蒸食品「蒸餅」後來演變為傳統的主食 —— 饅頭和包子，水煮食品「湯餅」後來演變為傳統美食 —— 餃子和餛飩。

▌饅頭的來歷

饅頭是一種傳統的發麵食品，來自漢代的蒸餅或麵起餅，一開始寫作「曼頭」，也叫做「饅首」或「蠻首」。最早的文字記載見於西晉束皙的〈餅賦〉：「三春之初，陰陽交際，寒氣既消，溫不至熱，於時享宴，則曼頭宜設。」意思是，和煦的陽春三月是最適合吃饅頭的時節。

關於饅頭的來歷，相傳來自諸葛亮用發麵包上肉餡做成人頭狀，以代替人頭祭祀神靈的故事。據宋代高承的《事物紀原‧酒醴飲食‧饅頭》條中記載：諸葛亮打算南征孟獲，有人報告說：「南蠻之地的人多會邪術，必須事先向神靈祈禱，請來陰兵相助，才能興師出兵。然而，根據蠻人的風俗，必須殺一個活人，用活人的頭祭祀神靈，神靈才會派陰兵相助。」諸葛亮不忍用活人的頭祭祀神靈，於是，就用麵包上豬、羊肉代替人頭，去祭祀神靈，神靈享用了祭品，派出陰兵相助。後人由此發明了一種新的麵食品 ── 饅頭，用發麵包上肉餡，在籠屜內蒸熟後食用。《三國演義》第九十一回「祭瀘水漢相班師，伐中原武侯上表」中也記載了這個故事，描寫更為詳細。從資料可以看出，古代所說的饅頭，實際是一種裹有肉餡的發麵食品，相當於現在的肉包子，一直到清代都是如此。清代潘榮陛的《帝京歲時紀勝‧元旦》條中說：「湯點則鵝油方補，豬肉饅首，江米糕，黃

黍飪。」文中所說的「豬肉饅首」，就是豬肉餡的肉包子。

　　其實，即便是現在，南方和北方對饅頭、包子的指稱也不一樣。北方稱無餡的為饅頭，有餡的為包子；而吳語區則不論有餡無餡，一律統稱饅頭。

　　值得一提的是，宋代還出現了一種「實心饅頭」，是後世圓形饅頭的前身。而後世的長方形饅頭，則來自古代的蒸餅。

▍古代的饅頭與包子

　　饅頭是一種麵粉發酵後蒸成的食品，一般上圓而下平，沒有餡。包子則是一種用菜、肉或糖等做餡，用發麵做皮，蒸熟後食用的食品。古代的饅頭和包子卻不能用這兩個概念，因為古代的饅頭和包子與現在的饅頭與包子並不完全相同。

　　古代的饅頭是一種用麵皮包裹肉餡、形狀像人頭、蒸熟後食用的發麵食品，相當於現在的肉包子。古代的包子也是一種裹餡蒸食的發麵食品。那麼，古代的饅頭與包子是同一種食品嗎？答案是否定的。

　　「包子」一詞始見於北宋陶谷所寫的《清異錄》，書中提到五代時汴梁有一「張手美家」食肆，盛夏時節專賣「綠荷包子」。而宋代的幾部筆記雜著，比如孟元老的《東京夢華錄》、吳自牧的《夢粱錄》等書，也都提到了包子。

　　令人奇怪的是，在宋代的這些筆記雜著中，「饅頭」、「包子」並提。如南宋吳自牧的《夢粱錄》「葷素從食店」條中，就提到四色饅頭、細餡大包子、水晶包兒、筍肉包兒等多種「包子」，同時還提到糖肉饅頭、羊肉饅頭、筍絲饅頭、魚肉饅頭、蟹肉饅頭等各類「饅頭」。顯然這是兩種不同的裹餡食品。

饅頭與包子

　　那麼，宋代的「包子」和「饅頭」到底有什麼區別呢？依筆者愚見，包子和饅頭的區別大概是形狀上的不同。簡單說來，打折封口處在頂部的是包子，打折封口處在底部的是饅頭。換種說法，包子頂部有折，饅頭頂部圓滑。這同時也說明了「實心饅頭」就是現在圓形饅頭的前身。

第八章　糧食與食品

▎饅頭上的紅點（硃砂點）

生活中我們常會看到，白白的饅頭頂上點著一個鮮豔的紅點。或許有些人認為這只是為了喜慶或好看，其實不然。在饅頭上點紅點，其實是許多地方的風俗，來自「餓鬼搶食」的傳說。

傳說洞庭山一帶有很多餓死鬼，到處偷吃百姓家的食物。有一天，一戶人家蒸了一籠饅頭，饅頭蒸熟後剛揭開鍋蓋，很快癟了下去，還能聽到「唧唧」的聲音，碗口大的饅頭很快就縮成核桃大小，吃起來乾巴巴的，既不像發麵食品那樣鬆軟，也沒有饅頭的麥香味。大家都覺得奇怪，卻不知道是怎麼回事。後來，有一位老人對村裡人說：「剛蒸好的饅頭一掀鍋就癟下去，是因為餓鬼偷食的緣故。被餓鬼偷食過的饅頭自然就變得發硬、沒有香味了。只要在掀開鍋蓋的時候，趕緊用硃砂筆在饅頭上點上一個紅點，鬼怕硃砂，不敢偷食點了硃砂點的饅頭。」從此以後，當地人總是在剛出鍋的饅頭上點上一個紅點。久而久之，便成了一種風俗。

有紅點的饅頭

　　時至今日，逢年過節、嫁娶做壽，人們依舊喜歡在饅頭上點一個紅點，或在饅頭上扣一個紅色的「囍」、「壽」印章。其實，這種做法早已脫離了最初防止餓鬼搶食的目的，只是代表了人們的一種大吉大利的美好願望而已。

▎武大郎賣的炊餅是什麼

　　我們都知道梁山好漢武松有一個哥哥叫武大郎，武大郎靠賣炊餅為生。那麼，武大郎賣的炊餅是什麼呢？

　　究其來源，炊餅其實就是漢代出現的蒸餅。蒸餅是漢代出現的一種放在籠屜裡蒸熟食用的麵製品，也叫「籠餅」。早期的蒸餅是死麵的；魏晉時期出現了發麵，人們仍然將麵餅放在籠屜裡蒸熟食用，並且沿用了「蒸餅」這一名稱，為了與死麵的蒸餅區別，也叫「麵起餅」。所謂「麵起餅」，就是「入酵麵中，令鬆鬆然也」（見宋代程大昌《演繁錄》）。但後人一直沿用「蒸餅」這一稱呼。唐代《朝野僉載》卷四記載，北周時期有一位叫張衡的御史大夫，因為在退朝的路上買蒸餅吃被御史彈劾。

　　宋代一開始仍然沿用「蒸餅」這一稱呼；到了仁宗朝，因為宋仁宗趙禎名字中的「禎」字與「蒸」字音近，宮中的太監、宮女怕說錯話犯了忌諱，就管「蒸餅」叫「炊餅」，隨後流行全國。武大郎是宋朝人，所以，他賣的蒸餅也只能

叫「炊餅」了。

如前所述，炊餅是一種放在籠屜裡蒸熟食用的麵製品，賣的時候通常要切成長方形的小塊出售，所以又稱「玉磚」。宋代陳達叟的《本心齋疏食譜》中說：「玉磚，炊餅方切，椒鹽摻之。」是說將炊餅切成方塊狀，上面再撒上椒鹽食用。北宋詩人楊萬里的《食炊餅作》也說：「何家籠餅須十字，蕭家炊餅須四破。老夫飢來不可那，只要鶻侖吞一個。」詩中的「何家籠餅」是指上面印有十字狀花紋的蒸餅，類似於後世的開花饅頭；「蕭家炊餅」就是切成四塊的蒸餅。

因此，嚴格來說，武大郎賣的炊餅，類似於現在的方形饅頭，民間俗稱「卷子」；而現在的圓形饅頭則來自宋代的「實心饅頭」。值得一提的是，有些地方賣的「武大郎炊餅」，其實是芝麻燒餅。

▎湯餅與麵條

湯餅是古代的一種「湯煮的麵食」。有的書乾脆將湯餅解釋為麵條，比如《全本新注聊齋誌異·狐懲淫》篇末注釋：「湯餅，湯煮的麵食，今俗稱『麵條』一類食物。」同書〈丐仙〉篇末注釋：「湯餅，湯煮的麵食，麵條。」其實，古代的湯餅並不能等同於現在的麵條，只能說，古代的湯餅是現在麵條的前身。

　　如前所述，古代的麵製品統稱為「餅」。所以，在水裡面煮熟食用的餅便被稱為「湯餅」，又稱「水餅」、「煮餅」或「水引餅」等，最早出現於漢代。但漢代的湯餅並不是「麵條」狀，而是「麵片」狀，通常是用手從麵糰上揪下一塊麵，用拇指壓扁後丟入鍋中煮食，形狀類似於現在的「麵箕子」，且形狀並不規則統一。在其後的發展過程中，湯餅的形狀和製作方法出現了分流。一種情況是將麵塊越拉越長，後來變成了「索麵」，也就是現在的麵條；另一種情況是將麵塊越壓越薄，再在裡面裹上餡，變成了後世的餛飩和水餃。這裡只介紹第一種情況。

　　晉代稱湯餅為「飥」，因一手托麵、一手往鍋裡撕麵片，故稱「飥」，也叫「餺飥」。「餺」是「薄」的意思，「飥」乃取其「手托」之義而加「食」旁。北魏賈思勰的《齊民要術·餅法》就具體介紹：「餺飥，挼如大指許，二寸一斷，著水盆中浸。宜以手向盆旁挼使極薄，皆急火逐沸熟煮。非直光白可愛，亦自滑美殊常。」可以看出，魏晉南北朝時期，湯餅的形狀和製作方法仍與漢代近似。西晉束晳的〈餅賦〉中曾說：「玄冬猛寒，清晨之會，涕凍鼻中，霜成口外。充虛解戰，湯餅為最。」說明當時的湯餅是冬天禦寒取暖的最佳食品。《世說新語》中也記載了一則有關湯餅的小故事：何晏儀容秀美，面色皎潔，魏明帝懷疑他擦了粉，於

是在盛夏之際拿熱湯餅給何晏吃，何晏吃完後大汗淋漓，就拿出手絹擦汗，擦乾臉之後，面色反而比以前更加皎潔。湯餅在當時已經是一種較為普遍的食品。

從唐代開始，湯餅不再用手托麵撕拽，而是改用麵板、刀、杖等物來擀麵切片，因又改稱為「不托」，後世多寫作「餺飥」，但「湯餅」一詞仍然使用。比如現在過生日吃的「長壽麵」，唐代就叫「生日湯餅」。宋代，湯餅的製作方法和形狀再次改變，出現了切成細條的湯餅，叫「索麵」或「溼麵」，也稱「湯麵」，形狀已經與現在的麵條一樣。但「湯餅」、「餺飥」等詞仍然使用。北宋歐陽修的《歸田錄》卷二中就說過：「湯餅，唐人謂之『不托』，今俗謂之餺飥矣。」

元代，又出現了將麵條製成後懸掛晾乾的乾麵條，稱為「掛麵」。《水滸傳》中就有「些少掛麵，幾包京棗」的描寫。此後便一直傳承至今。清代俞正燮的《癸巳存稿》「麵條子」條中也說：「麵條子，曰切麵，曰拉麵，曰索麵，曰掛麵。」

可見，古代的湯餅形狀各異，製作方法也不同，並非專指現在細細長長的麵條。現在的麵條，只是古代湯餅傳承過程中的一條「支流」而已。

▍餃子與餛飩

　　餃子和餛飩都是深受喜愛的傳統水煮食品，都來源於古代的水煮食品湯餅。

　　根據文獻記載，餃子最早出現於漢代，原名「嬌耳」，傳說是東漢醫聖張仲景發明的。據記載，東漢末年，各地災害嚴重，很多人身患疾病。南陽有個名醫叫張仲景，不僅醫術高明，而且醫德高尚。他見很多窮苦百姓忍飢受寒，耳朵都凍爛了，心裡非常難受，下決心救治他們。他在南陽東關的一塊空地上搭起醫棚，架起大鍋，在冬至那天開張，向窮人捨藥治傷。張仲景施捨的藥叫「祛寒嬌耳湯」，其做法是，將羊肉、辣椒和一些祛寒藥材切碎後，用麵皮包成耳朵狀的「嬌耳」，再放進鍋裡煮熟，然後分給乞藥的病人。每人兩只嬌耳，一碗湯。人們吃下嬌耳湯後渾身發熱，血液通暢，兩耳變暖，沒幾天病人耳朵上的凍瘡就好了。後來，這種裹餡的水煮食品便開始在民間流傳，「嬌耳」也變成了「嬌餌」。

　　實際上，早期的餃子和餛飩並沒有明顯的區別，食用方法完全一樣，都是連湯帶水一起吃。明代張自烈撰的字書《正字通・食部》就解釋說：「今俗餃餌，屑米麵和飴為之，乾溼大小不一。水餃餌即段成式食品『湯中牢丸』。或謂之『粉角』。北人讀『角』如『矯』，因呼『餃餌』。訛

為『餃兒』。」三國時期有一種「月牙餛飩」，記載於《廣雅》一書中。南北朝時有一種「形如偃月」的餛飩，並成為「天下通食」，食用方法與現在相同。唐代又有了一種「偃月形餛飩」，食用方法與今天吃餃子相同。從此以後，才有了「先吃餃子後喝湯」、「原湯化原食」的吃餃子的方法，和「連湯帶水一塊吃」的吃餛飩的方法。宋代又有「角兒」，當為後世「餃子」一詞的詞源。清代開始，才有了「餃子」一詞。徐珂的《清稗類鈔·飲食·京師食品》中就說，破五節，「舊例食水餃子五日，曰煮餑餑」。

　　從此以後，南餛飩、北餃子並行於天下，成為華人最喜愛的食物之一。

第九章
蔬菜與菜餚

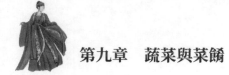

第九章　蔬菜與菜餚

▋漢代的五菜

先民在搜尋根莖花葉的過程中，篩選出一批可食的植物，這些可以食用的草本植物統稱蔬菜，在先民的飲食結構中具有舉足輕重的地位。蔬菜能補充人體所需的維生素、礦物元素和膳食纖維，古代就非常重視「菜」，例如史書上常見的「饑饉」一詞，其中「饑」是指沒飯吃，而「饉」則是指沒菜吃。《說文解字》中講道：「穀不熟為饑……蔬不熟曰饉。」

在人類社會伊始，蔬菜的種類並不豐富。就漢代而言，主要的蔬菜只有「五菜」——葵、藿、薤、蔥、韭。

- 葵，即冬葵，也叫葵菜、冬寒菜，今稱冬莧菜，莖葉可作蔬菜。葵是中國古代重要蔬菜之一。在北魏賈思勰的《齊民要術》中，將「種葵」列為蔬類第一篇，並詳細介紹了栽培的方法；元代王禎的《農書》稱葵為「百菜之主」。現在江西、湖南、四川等地仍栽培葵，但已遠不如古代重要。
- 藿，是大豆的嫩葉，在古代是百姓重要的食物資源。正如《戰國策》中張儀所說：「五穀所生，非麥而豆；民之所食，大抵豆飯藿羹。」但現在藿已不再被人當菜吃，只用來餵畜牲。

- 薤，俗稱藠（ㄒㄧㄠˋ）頭，葉似韭菜而狹窄，地下有鱗莖，似大蒜而小，嫩葉與鱗莖均可作蔬菜。中醫將其乾燥的鱗莖入藥，叫薤白，主治胸痺心痛、瀉痢等症。現在廣西、湖南、貴州、四川等仍然栽培薤，一般將其鱗莖加工製成醬菜，類似於糖蒜。

- 蔥，現在統稱為大蔥，其葉、莖、假莖（俗稱「蔥白」）均可食用。蔥的種植歷史很長，種類也多。賈思勰《齊民要術》中記載：「蔥有冬春二種，有胡蔥、木蔥、山蔥。二月別小蔥，六月別大蔥。夏蔥曰小，冬蔥曰大。」蔥現在仍很普遍，但主要是作為一種調味品或作料，已不再作為菜餚的主料。當然，小蔥拌豆腐、大蔥炒雞蛋也是兩道人們愛吃的傳統名菜。

- 韭，即韭菜，葉可供食用。韭菜至今已有三千多年的栽種歷史。漢代就已經有韭黃，唐宋時期吃韭黃已經相當普遍。唐代詩人杜甫曾有詩曰：「夜雨剪春韭，新炊間黃粱。」宋代蘇軾有一首詩：「漸覺東風料峭寒，青蒿黃韭試春盤。」此外，韭菜、韭菜子還具有較強的藥用價值。

後世也將「五菜」用作蔬菜的泛指，統稱一切蔬菜。

第九章　蔬菜與菜餚

▌葷菜

葷有兩個意義。其本義指具有辛辣氣味的菜，如蔥、蒜、韭、薤之類。《說文解字》中說：「葷，臭菜也。」指食後氣味較大的菜。道家有五葷之說，即韭、蒜、藝薑、胡荽、薤。五葷之確指亦如五穀，多有不同，後來通常是指蔥、蒜、韭、薤（薤頭）和興渠（洋蔥）。

葷的第二個意義與「素」相對，指雞、鴨、魚、肉等食物。中國僧人不吃肉的飲食習俗始於梁武帝的〈斷酒肉文〉：「白衣食肉，不免地獄。」白衣指僧人，僧人食肉會下地獄。此後，佛家遂視肉為「葷」，禁食肉類被列入佛家戒律。

▌「采葑采菲」

《詩經》中提到了一百多種植物，可做菜者只有二十幾種，比如〈邶風・谷風〉篇「采葑采菲，無以下體」一句就提到了兩種蔬菜。

葑是蔓菁的古稱，又名「蕪菁」，俗稱「大頭菜」。蔓菁是一種與蘿蔔差不多的根莖類蔬菜，但蔓菁不能生吃，現在通常用來醃製醬菜，是一種類似於辣疙瘩的蔬菜。

菲是蘿蔔的古稱，又名「蘿蔔」、「萊菔（ㄈㄨˊ）」、「薺根」、「地酥」等。自古普遍栽培蘿蔔，其地上莖葉與地下鱗莖均可食用，並具有很高的藥用價值。其籽實更可入

藥，叫即萊菔子。民間有「十月蘿蔔小人參」、「上床蘿蔔下床薑，不用醫生開藥方」等諺語，說明了人們對這一蔬菜的喜愛。歐美也有蘿蔔，大都是小型的四季種，在利用價值上遠遠比不上中國蘿蔔，後來也傳入中國，稱「胡蘿蔔」。

由於葑（蔓菁）和菲（蘿蔔）相似，故《詩經》將兩者並稱。後世常以「葑菲」表示尚有一德可取的意思。

▍引進的蔬菜品種

許多蔬菜是從國外引進，有些從字面意思即可辨識，像洋蔥、洋白菜（高麗菜）、胡桃（核桃）、胡蘿蔔、胡豆、番茄等。

漢代是中國飲食文化的豐富時期，歸功於漢代中西（西域）飲食文化的交流，那時從國外引進的蔬菜有石榴、葡萄、西瓜、甜瓜、茴香、芹菜、苜蓿（主要用於馬糧）、大蔥、大蒜等。

魏晉、唐宋時期，又陸續從國外引進了一些蔬菜品種。如原產自印度和泰國的茄子，唐代從新羅（朝鮮古國名）傳入了一種白茄。有人曾送給黃庭堅幾個白茄，黃庭堅覺得很新鮮，並以詩答謝：「君家水茄白銀色，殊勝壩裡紫彭亨。」、「水茄」即新羅白茄，「紫彭亨」即從印度傳入的紫茄子。黃瓜，原產於印度，傳入中國的時間比茄子略晚，

初名「胡瓜」，至唐代始改稱黃瓜。菠菜，唐貞觀二十一年（西元六四七年）由尼泊羅國（今尼泊爾）傳入中國，始稱「菠稜菜」，後簡稱菠菜。蘇軾詩中所謂的「雪底菠稜如鐵甲……霜葉露芽寒更茁」，說的就是耐寒的菠菜。

　　元、明、清以來，又有一些蔬菜新品種陸續傳入中國。元代，原產於北歐的胡蘿蔔由波斯傳入中國；明末清初，原產於美洲的辣椒傳入中國；十八世紀初，番茄（古稱蕃柿）從西歐傳入中國。相傳番茄最早生長在南美洲，因色彩嬌豔，人們對它十分警惕，視為「狐狸的果實」，又稱狼桃，只供觀賞，不敢品嘗；一直到十九世紀中葉，才開始作為蔬菜栽培。

　　隨著蔬菜的傳入、引進，中國的食物品種越來越豐富，並且能自行培育出一些蔬菜新品種。

▌「飲食文化」中的「飲」

　　在飲食文化中，「食」指的是食物，簡而言之就是吃的東西。所以食文化應該是關於吃的文化，包括各類麵食、菜餚的烹飪文化等。而「飲」則指的是飲料，即喝的東西。「飲」的文化應該是關於喝的文化，包括酒、茶、咖啡、湯的文化等。在食物發展、豐富的同時，飲料同樣也在發展和豐富著。

最普通的飲料就是水，但古代的水一般指涼水、生水，熱水、開水則稱「湯」。《孟子》中就說：「冬日則飲湯，夏日則飲水。」而後世統稱添加了米、麵、肉、菜等食物後熬煮的汁液為湯，比如米湯、麵（條）湯、餃子湯、肉湯、菜湯等。此外，《孟子》中有「簞食壺漿以迎王師」的句子，漿也是古代一種飲料，由糧食釀製而成，微帶酸味。

除水、湯、漿外，中國飲料中最具代表性的就是酒和茶，這兩種飲料在中國飲食文化結構中具有非常重要的地位。最早的酒是自然發酵的果酒。到了商代，穀物造酒已很普遍，並且飲酒的風氣極盛。秦漢以後，隨著製麴技術的發展，造酒技術也得到進一步發展，酒的品種越來越多，並逐漸形成了中國的酒文化。中國的茶文化亦由來已久，但最初茶只是被作為一種藥材，而非飲品。傳說神農氏嘗百草，一日中七十毒，都是靠茶來解毒。後來，隨著古人對茶性的深入研究，逐漸將茶從藥材中分離出來，將其作為一種烹煮或泡製的清熱解渴的飲料。

▌華人的進食工具 ── 筷子

有了飲食，就得有一定的進食方法。人們最初的進食方法是「以手奉飯」，也就是用手抓或用手撕。至於筷、叉、刀、匙等，出現的時間較晚。其中，筷子是最有文化特色的

第九章　蔬菜與菜餚

進食工具，至今已有數千年的歷史。

　　筷子，古代稱為「箸」，起源很早。據考證，在原始社會時期，古人類已經懂得用樹枝、竹棍來插取或夾取食物。在距今三四千年前的商代，出現了象牙箸和玉箸。春秋戰國時期，又出現了銅筷和鐵筷。漢、魏時期，出現了漆筷。稍後，又出現了銀筷和金筷。

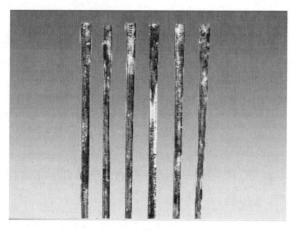

箸

　　筷子雖出現的時期早，但在先秦時期的用處並不重要。周代用餐的主要用具是「酌漿而飲之」的勺和用以「載食」的匕；雖然也有「挾食」的箸，但並不是用餐的必備用具。《曲禮》中記載，「飯黍，毋以箸」，「羹之有菜者用筯（ㄓ　ㄨ　ˋ，同「箸」），無菜者不用筯」。從中可以看出，在周代古人還不太重視箸，在吃粒食時是不用筷子的，湯羹中有

菜才用筷子，沒有菜則不用筷子。直至漢、魏以後，箸才成了日常用餐必不可少的餐具。《漢書・周亞夫傳》記載：「上居禁中，召亞夫賜食，獨置大胾（ㄗ ˋ，切成大塊的肉），無切肉，又不置箸。亞夫心不平，顧謂尚席取箸。」皇帝賜給周亞夫肉食，但是沒有切開，又沒有準備筷子。周亞夫心中不高興，回過頭來吩咐主管筵席的官員取筷子。由此事可知，箸在用餐中的作用已十分重要。

用餐時用筷子更方便，無論菜食是條是塊，是絲是片，是丁是段，用筷子或夾或挑或拈或撥，都可以。

▌藿食者與肉食者

現在人們往往將菜餚二字並稱，從字面上來看，菜即蔬菜，主要是指素菜；而餚，則指魚、肉類葷菜。但在古代，人們的生活水準低下，普遍食菜，古文獻中有諸多這方面的記載。《詩經・豳風・七月》反映了下層百姓一年四季的生活：「六月食郁及薁（ㄩ ˋ，郁李），七月亨葵及菽。八月剝棗，十月獲稻。為此春酒，以介眉壽。七月食瓜，八月斷壺（葫蘆），九月叔苴（收拾青麻），採荼（苦菜）薪樗（臭椿）。食我農夫。」《戰國策》言：「五穀所生，非麥而豆；民之所食，大抵豆飯藿羹。」藿就是大豆的嫩葉，在古代是中原地區老百姓食用的主要蔬菜。

第九章　蔬菜與菜餚

　　人們的牛馬用於耕地，吝於宰殺，所以百姓只有在特殊情況下才能吃到肉。《孟子》中描繪的「仁政」藍圖是「雞豚狗彘之畜，無失其時，七十者可以食肉矣」。七十歲的老人可以吃肉，可見平民百姓與肉無緣，只有貴族才能夠經常享用到肉食。如《左傳》記載，襄公的日常飲食是一天兩隻雞，「公膳，日雙雞」，朝廷供給卿大夫的伙食是一天兩隻雞。

　　所以，古代往往以「藿食者」作為平民的代稱，而以「肉食者」代指公卿士大夫及貴族統治者。

▌殺雞為黍

　　古代的肉食資源並不豐富，但古人極重待客之道。客人到來，必須拿出像樣的飯菜，最高規格就是殺雞為黍。如《論語》中的隱者「止子路宿，殺雞為黍而食之」；〈桃花源記〉中桃花源中的村民「設酒殺雞作食」，來招待武陵漁人。這已是普通百姓招待客人最好的飯食，殺雞為黍便是殷勤款待賓客的意思。

　　有一個與此相關的歷史故事——「范張雞黍」，《後漢書·范式傳》、元雜劇作家宮天挺的《死生交范張雞黍》均記載了這個故事。東漢時期，山陽金鄉的范式與汝南張劭是洛陽太學裡的同窗，關係甚佳，結為生死之交。范式跋涉千

里赴張劭家登堂拜母，讓張劭感動不已，張家以雞黍相待。約定來年張劭去山陽范式家，同樣以雞黍相待。不料，張劭不久即病故，託夢告知范式他的死訊和下葬日期。范式千里迢迢，趕至張家，為張劭主喪下葬，並為之守墓百日。

▌滿漢全席

滿漢全席是歷史上著名的筵席之一，也是清代最高級別的國宴，代表著中國飲食的頂峰。

滿漢全席創始於康熙年間，原為康熙六十六歲大壽的宴席，集合了滿族和漢族飲食。相傳康熙在皇宮內首次品嘗，並御書「滿漢全席」，因此使滿漢全席名噪一時，後世沿襲這一傳統，極為奢華。

滿漢全席由滿點和漢菜組成。主宴為漢菜，菜餚總數為一百零八件，其中南菜五十四件，北菜五十四件，點菜不在其中，隨點隨加。滿漢全席的副食是滿洲餑餑（即點心），計大小花色品種四十四道，一席使用麵粉四十四斤八兩，可見滿漢全席的規模之大。滿漢全席具體又分為元旦宴、滿族大宴、廷臣宴、千叟宴、萬壽宴、九白宴等名目。元旦宴是節令宴的一種，在元旦舉行；滿族大宴是皇帝為招待與皇室聯姻的蒙古親族所設的御宴；廷臣宴在每年的正月十六舉行，由皇帝欽點大學士及九卿中有功者參加，藉以籠絡朝

第九章　蔬菜與菜餚

臣；千叟宴是為表示對老人的關懷與敬重而舉辦的宴會。

　　滿漢全席又有宮內和宮外之別，禮制方面的規定非常細緻。宮內的滿漢全席專供天子、皇叔、皇兄、皇太后、妃子、貴人等享用，近親皇族子嗣、功臣（漢族只限二品以上官員和皇帝心腹）才有資格參加宮內朝廷的滿漢全席。宮外滿漢全席，常常是滿族一、二品官員主持科考和地方會議時享用，大臣入席時要按品次，佩戴朝珠、穿公服入席。

〈萬樹園賜宴圖〉

▍各地菜系

　　俗話說：「一方水土養一方人。」在長期的生活中，逐漸形成了各具地方特色的飲食體系。中國有諸多菜系，呈現著迥然不同的烹飪技藝和風味。早在春秋戰國時期，中國漢

族飲食文化中的南北菜餚風味就表現出差異。到了秦漢，飲食風味具有明顯的地方特色，北方重鹹鮮，蜀地好辛香，荊吳喜甜酸，後來逐漸形成「南甜、北鹹、東辣、西酸」的格局；唐宋時期，南食、北食各自形成體系；到清代初期，川菜、魯菜、粵菜、淮揚菜，成為當時最有影響力的地方菜，被稱作「四大菜系」；到清末，浙菜、閩菜、湘菜、徽菜四大新地方菜系分化形成，共同構成中國漢族飲食的「八大菜系」——「川魯粵淮揚，閩浙湘本幫」。以四大菜係為例：

川菜，即四川菜。以小煎、小炒、乾燒、乾煸（ㄅㄧㄢ ˇ，烹飪方法，把菜餚放在熱油裡炒到半熟，再加作料烹熟）見長，以味多、味廣、味厚著稱，且有「一菜一格，百菜百味」之美譽。調味多用三椒，即辣椒、胡椒、花椒，故味重麻、辣、酸、香。以成都風味為正宗，包含重慶菜、東山菜、自貢菜等。

魯菜是山東菜的總稱，以濟南菜、膠東菜、孔府菜三種類型為代表。漢唐時，魯菜成為「北菜」的主角。以濟南菜為例，濟南菜具有魯西地方風味，以清、鮮、脆、嫩著稱，擅長爆、炒、炸、燒，特別講究清湯和奶湯的調劑。濟南菜中的名菜「奶湯蒲菜」，以大明湖所產的蒲菜為原料，精心調製而成；「糖醋黃河鯉魚」是用黃河中的鯉魚為原料做成的，頗具地方特色。

第九章　蔬菜與菜餚

　　粵菜，即廣東菜，最早源於西漢時期，以用料廣泛著稱。南宋時期記載，越人「不問鳥獸蟲蛇，無不食之」。廣東人吃蛇的習慣可謂源遠流長，現在的廣東菜仍以蛇餐（或稱蛇菜）著稱，其中的名菜便是享譽已久的「龍虎鬥」。「龍虎鬥」最早出自「烹黃鱔田雞」，又稱「豹貍燴三蛇」，一隻野貓（豹貍）和灰鼠蛇、眼鏡蛇、金環蛇三條蛇，分別經過氽、爆、炒、燉、煨等工序，加入二十餘種配料烹製而成。

　　淮揚菜以揚州為中心，始於春秋，興於隋唐，盛於明清，素有「東南第一佳味，天下之至美」的美譽。淮揚菜選料嚴謹、因材施藝，製作精細、風格雅麗，追求本味、清鮮平和。淮揚菜十分講究刀工，尤以瓜雕享譽四方；在烹飪上則善用火候，講究火功，擅長燉、燜、煨、焐、蒸、燒、炒；原料多以水產為主，注重鮮活，口味平和，清鮮而略帶甜味。著名菜餚有揚州炒飯、清燉蟹粉獅子頭、大煮乾絲、三套鴨、軟兜長魚、水晶肴肉等。

▌宴席禮儀

　　《禮記》記載：「夫禮之初，始諸飲食。」中國自古以來就是一個禮儀之邦，這種「文明禮儀」表現在飲食活動中的行為規範上，便是諸多的宴席禮儀。

　　中國人非常講究長幼有序，這種禮儀規範應用到聚餐宴席上，便形成了關於宴席座次的傳統禮儀。據資料記載：古代宴席以坐西面東為尊位，坐北面南次之，坐南面北又次之，坐東面西為下座。比如〈鴻門宴〉上的座次是：「項王、項伯東向坐，亞夫南向坐，亞夫者，范增也；沛公北向坐，張良西向侍。」就是說，項羽和項伯面向東坐，是最尊位；范增是項羽的「亞父」，地位亦尊貴，故面向南坐；劉邦雖是客，但與項羽實力相差懸殊，所以面向北坐，張良面向西侍奉、陪席。到了現代，日常生活中稍微正規一些的場合，酒席上的座次仍然有嚴格的要求。如最普遍的圓桌宴席：一般面門而坐的位置是主陪位，主陪位的右面是主賓位，左邊是副主賓位，對面則是副主陪位；副陪位的左邊是三賓位，右邊是四賓位。

宴飲圖

第九章　蔬菜與菜餚

　　中國人對上菜的順序和擺菜的位置也很講究。古代的宴席是先上飯後上酒，吃飯的時候都不喝酒，飯後才喝酒。不知從何時起，宴席的順序變成了先酒後飯。經過漫長的歷史演變，逐漸形成了酒→冷盤→熱菜（主菜）→點心（飯）→水果的上菜順序，並一直流傳至今。單就菜餚的出菜順序而言，一般遵循先冷後熱、先淡後濃、先乾後湯的上菜原則。熱菜是宴席上的主菜，通常以偶數為計，少者四道、六道或八道菜，多者達十六道或三十二道菜，最豐盛的滿漢全席多達一百零八道菜。最後一道菜通常是湯菜，湯菜上席，就表示菜齊了。

　　端上席的菜餚擺放在宴席的什麼位置，也是非常講究的。《禮記》中明確記載了古代上菜置食的總體次序：「凡進食之禮，右肴左胾（ㄗ　ˋ，大塊的肉）；食居人之左，羹居人之右；膾炙處外，醢（即醋）醬處內。」用現在的話來說，就是大凡上菜的禮節，炒菜（指小塊的魚肉）放在右邊，煮熟的大塊肉放在左邊；乾菜放在左邊，湯菜放在右邊；切塊和燒烤的魚肉放在遠處，醋、醬等調味品放在近處。現在宴席上的置菜位置雖然與古代不同，但仍有傳承。比如：新上的菜都要放在靠近主陪或主賓的位置；上整雞、整鴨、整魚時，一般將頭部衝著主陪或主賓，以示尊敬等。

　　在中國，宴席禮儀蘊含著一種內在的倫理精神，貫穿於飲食活動的全過程，對人們的道德、行為規範具有深刻的影響。

▍中國的飲食與營養

　　有人認為，西方的飲食講究科學性，重視營養和衛生，用料純正，西方廚師的烹調必須嚴格按照操作規程來進行。同時，牛排加馬鈴薯的搭配，也使得西方的飲食更重視食品結構的合理性。中國的菜餚則不一樣，中國人追求味覺美，只要味道好，常常覺得有無營養價值無所謂。中國人用料隨意，將西方人拋棄不吃的鳳爪、鴨蹼、熊掌等東西視為珍饈，飲食製作看似十分隨意。

　　實際上，中國菜講究味道並不等於不重視營養、不講究科學，中國的飲食是非常重視營養的。只是那時尚無「營養」一詞，而是以飲食養生代之，中國傳統的飲食結構講究「五穀為養、五果為助、五畜為益、五菜為充」。同時，中國的飲食很早就與中醫結下了密切的關係，中醫講「醫食同源」，認為「藥補不如食補」。利用食物的藥用價值，我們可以把它做成美味的食物，達到對疾病的防禦和治療的效果。例如：蓮子紅棗粥可以養胃健脾，防治缺鐵性貧血，還具有養心安神的功效；白蘿蔔熬湯可以止咳；薑湯具有驅寒、防感冒的作用。秦漢之交的《黃帝內經》論述「五味調和」，認為五味入五臟，調和適當能滋養五臟，反之則會損害五臟。因此，提倡飲食不應偏嗜，要崇尚清淡而五味調和，這是飲食養生中的重要內容。

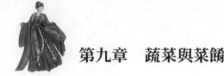

第九章　蔬菜與菜餚

▌吃菜與品菜

　　隨著飲食文化的不斷發展，人類在滿足最基本的果腹需求後，對食物的質地、味道、色澤、形態等的認識也不斷提高，飲食中融入了審美意識。而中國菜餚花色之多、菜式之眾、製作之繁，是世界上任何一個國家都望塵莫及的。從某種意義上講，中國人是在「品菜」，而非僅僅是「吃菜」。

- 一品味道。民諺有云：「民以食為天，食以味為先。」中國的飲食，不是吃食物，而是吃滋味。某些食物僅僅成了味道的載體，比如鳳爪，人們欣賞的只是一種味蕾的感覺。俗話所說的「少吃多香」、「品茶品酒」，都是這種傳統飲食文化的表現。

- 二品意境。吃中國菜不僅能在口味上得到滿足，而且在視覺上也是一種享受。飲食品賞的過程滲透著藝術的因子，對美的欣賞貫穿於飲食活動的全過程，追求造型與色彩的完美。就像中國古代的一個名廚，只用兩個雞蛋，就可以做出「兩隻黃鸝鳴翠柳」、「一行白鷺上青天」、「窗含西嶺千秋雪」、「門泊東吳萬里船」四道雅菜，早已超越了「吃菜」，而是在「品菜」中去創造美，以達到「觀之者動容，味之者動情」的藝術境地。

- 三品意蘊，從菜餚中領略一種文化。比如色澤鮮亮、肥而不膩的東坡肉，在中國菜餚裡一直飽受讚譽，其背後

還有一個故事。據記載，蘇軾在擔任徐州知州時，遇到黃河決口，身先士卒，和全城百姓築堤保衛家園。功成之後，徐州人民殺豬宰羊，去蘇府上慰勞蘇軾。蘇軾推辭不掉，便指點家人燒製成紅燒肉回饋給百姓。百姓吃後，都覺得醇香味美，親切地稱之為「東坡肉」。這樣看來，東坡肉不僅是一道佳餚，而且包含著蘇軾敬民愛民的事跡。吃飯在某種意義上的確是一種更深廣的文化享受。

中國飲食的藝術化傾向

中國的菜餚特別講究五味調和，在一種和諧、中庸、不可捉摸的傳統思維的影響下，追求一種美好的味覺享受。除了味道的調和之外，還透過種種方法使菜餚生熟相襯、濃淡相宜、色彩鮮明、食器和諧。比如清代的大文學家袁枚，還是一個著名的美食家。他曾說，「凡一物烹成，必需輔佐，要使清者配清，濃者配濃，柔者配柔，剛者配剛，才有和合之妙」，「宜碗者碗，宜盤者盤，宜大者大，宜小者小，參錯其間，方覺生色」，「大抵物貴者器宜大，物賤者器宜小，煎炒宜盤，湯羹宜碗；煎炒宜鐵銅，煨煮宜砂罐」。講究食物與食物、食物與食器的搭配。色、香、味、器、形融為一體，是中國飲食的藝術精髓所在。

第九章　蔬菜與菜餚

　　就飲食製作方式而言，西方飲食趨於機械化，最後成為一種嚴格按照操作規程來製作的工序；而中國飲食講究製作的技巧和趣味。街上賣燒餅的師傅在擀麵的時候，喜歡用擀麵杖有節奏地敲打案板；廚師在炒菜的時候，左手執鍋、右手掌勺，並且不時地用馬勺敲打鍋邊，很注意烹炒的節奏感；拉麵的師傅總是將手中的拉麵在面板上摔出響聲……這些「加花」，大多不會給烹調工作帶來什麼便利，卻增加了工作趣味；從而愈發使人在吃的文化上推陳出新，將日常生活審美化、藝術化。

第十章
酒文化

第十章 酒文化

▌酒的源起

　　中國是酒的王國，酒已有五千年的歷史了；然飲酒之風，歷經數千年而不衰。其實，中國古代本無酒，以水當酒用於祭祀天地鬼神，被稱為玄酒，或稱明水。在古代，往往將釀酒的起源歸於某人的發明，史料中主要有以下幾種說法：上天造酒說、猿猴造酒說、儀狄造酒說、杜康造酒說。

　　上天造酒說。酒是天上的酒星所造，「詩仙」李白有詩云「天若不愛酒，酒星不在天」。然而，上天造酒說本無科學依據，僅僅是我們祖先豐富想像力的寫照。

　　猿猴造酒說。猿猴是十分機敏的動物，人們常利用猿猴嗜酒的弱點捕捉它們。在中國的許多典籍中還有猿猴造酒的記載，如明代文人李日華在他的著述中提到：「黃山多猿猱，春夏採雜花果於石窪中，醞釀成酒，香氣溢發，聞妻百步。」但猿猴造酒是本能還是有意識的生產活動，至今是一個未解之謎。

　　儀狄造酒說。漢代劉向《戰國策》記載：「昔者，帝女令儀狄作酒而美，進之禹。」關於儀狄的身分、職業、生卒年，至今不明，儀狄造酒是否事實，也有待進一步考證。

　　杜康造酒說是民間最為流行的說法。歷史上杜康倒是確有其人，杜康是陝北高原白水縣人。他將未吃完的剩飯放在桑園的樹洞裡，剩飯在洞中發酵後，有芳香的氣味傳出，這

就是酒的做法，現在白水縣還有杜康造酒遺址。

其實，從現代科學的角度而言，原始人採集的野果或剩飯中的澱粉，可在微生物所分泌的酶的作用下，轉變成酒精，隨之會散發出濃郁的香味。最初的酒是自然界的一種天然產物，人們無意中嘗到水果或穀物自然發酵而成的酒，很是喜愛，於是模仿著做了起來。所以，準確地說，人類不是發明了酒，僅僅是發現了酒。所謂儀狄、杜康等人，可能是上古時代發現酒的人。

「酒池肉林」的故事

酒池肉林的故事來源於《史記・殷本紀》。書中記載，商紂王「大聚樂戲於沙丘，以酒為池，懸肉為林，使男女裸相逐其間，為長夜之飲」。商紂王暴虐無道，沉湎酒色，寵愛美女妲己。他採納妲己的建議，讓人將池子裡填滿酒，在樹幹上懸掛肉乾，男女光著身子相互追逐嬉戲。自己通宵飲酒作樂，過著荒淫糜爛的生活，美其名曰「醉樂」，致使國庫空虛、民怨四起。商王朝很快被西周取而代之，商紂王本人也落得個自焚的下場。「酒池肉林」作為一個成語，被用來形容荒淫腐化、極端奢侈的放蕩生活。

第十章　酒文化

山西皮影　紂王寵妲己

　　從文化史的角度來說，商代，穀物造酒已十分普遍，並且飲酒的風氣極盛。從各地出土的大量商代飲酒器、儲酒器，以及專門製作酒器的「長勺氏」、「尾勺氏」兩個氏族來看，「酒池肉林」不無可能。

　　鑒於歷史教訓，歷代統治者都會推行禁酒政策，以避免重蹈商紂王沉湎於酒、廢弛朝綱以致亡國的覆轍。

▌古代的酒器

飲酒離不開酒器。酒器，主要指儲酒、盛酒、溫酒、飲酒過程中所使用的各種器具。酒器隨著酒文化的發生而產生，隨著酒文化的發展而發展，經歷了從無到有、從共用到專一、從粗糙到精緻的過程。自古至今，曾出現過種類繁多、形狀多樣的酒器。

關於最早的專用酒器起源於何時，目前難以定論。因為早期的器具通常是一器多用，既可以吃飯，也可以飲酒。龍山文化時期，酒器的類型開始增加，用途也逐漸明確，主要有罐、甕、盂、碗、杯等。並且式樣豐富、種類繁多，僅酒杯來說，就有平底杯、圈足杯、高圈足杯、高柄杯、斜壁杯、曲腹杯、觚（ㄍㄨ）形杯等。

在商代，由於釀酒業的發達，青銅器製作技術提高，中國的酒器製作技藝臻於極盛。酒器按用途又可分為煮酒器、盛酒器、飲酒器、儲酒器四類。其中煮酒器也稱為樽（也寫作「尊」），用於飲酒前將酒加熱，通常與「杓」相配取酒；盛酒器包括壺、區（ㄡ）、皿、鑒、斛、觥、甕等；飲酒器則包括爵、觚、觴、觶（ㄓˋ）、斝（ㄐㄧㄚˇ）等。

第十章　酒文化

商代的盛酒器

　　秦代以後，青銅酒器漸趨衰落；而在中國的南方，漆制
酒具開始流行，成為漢、魏晉時期的主要酒器類型。在形制
上，漆制酒器基本上繼承了青銅酒器的形狀，種類包括盛酒
器、飲酒器等，其中最常見的是漆制耳杯。

　　伴隨著制瓷技術的提高，瓷製酒器遂成為唐代以後酒器
的主流，種類繁多，形制各異，釉質細膩，一直傳承至今。

　　中國酒器除上述主要種類外，還有金銀酒器、玉石酒
器、玻璃酒器等，共同鑄造出獨樹一幟的中華酒器文化。

▍酒的別名

　　中國人很重視取名的藝術，一個好的酒名，讀起來朗朗上口，聽起來悅耳動聽，且有豐厚的文化內涵。酒在中國可謂歷史悠久，千年不墜。古人創造了很多酒的別稱，最為大眾化的叫法是「杜康」。傳說杜康是最早發明酒的人，因此用其名代指酒。曹操〈短歌行〉：「慨當以慷，憂思難忘，何以解憂，唯有杜康。」酒又名杯中物，因多以杯飲、以壺盛而得名，並常被歷代詩人所引用。如晉陶潛〈責子〉：「天運苟如此，且進杯中物」，唐韓翃〈送齊明府赴東陽〉：「風流好愛杯中物，豪蕩仍欺陌上郎」。酒亦有「青州從事」、「平原督郵」的說法，這一典故出自南朝劉義慶的《世說新語・術解》篇：「桓公有主簿善別酒，有酒輒令先嘗。好者謂『青州從事』，惡者謂『平原督郵』。青州有齊郡，平原有鬲縣。從事，言到臍；督郵，言在鬲（膈）上住。」後因以「青州從事」為美酒的代稱，亦省作「青州」，意思是好酒的酒氣可直到臍部；而以「平原督郵」為劣酒的隱語。

　　此外，酒還有歡伯（因酒能令人興奮）、酤（一夜釀成的酒）、醑（ㄒㄩˇ，濾去渣滓的美酒）、曲秀才、曲道士、曲居士（即酒麴，代指酒）、忘憂物、掃愁帚（因酒能澆愁忘憂）、釣詩鉤（因酒能激發詩情）、百藥長（古人認為酒可作藥治百病）、般若湯（僧徒稱酒的隱語）、紅友（古人都是

第十章　酒文化

自己釀酒招待朋友，故稱酒為紅友）等稱呼，不一而足。這些名目繁多的酒名，歷經時間長河的磨煉，放射出燦爛的光輝，為酒文化增光添彩。

▎酒的分類

可以將酒分為三大類：

- **蒸餾酒**：指原料經發酵後用蒸餾法製成的酒，一般度數較高，可細分為白酒和其他蒸餾酒（如白蘭地、威士忌）兩種。
- **釀造酒**：即將原料發酵後直接提取或用壓榨法而取得的酒，一般度數較低，可細分為啤酒、葡萄酒、果酒、黃酒和其他發酵酒五種。
- **配製酒**：是用白酒或食用酒精配製而成的酒，如藥酒。

欽定四庫全書	酒譜		酒名	也醴薄酒也醨茜酒也
	宋　竇蘋　撰			說文曰酴酒母也醴一宿酒也醠滓汁酒也酎三重酒

酒譜

按照造酒的原料及酒的品質，可以將酒分為五大類：

- **白酒**：以穀物及其他富含澱粉的農副產品為原料，經發酵蒸餾而成。酒精度含量一般在三十度以上，無色透明，質地純淨，醇香郁烈，味感豐厚。
- **黃酒**：以穀物，主要是糯米和黍米為原料，經過特定的加工釀造過程，酒精度含量一般在十二度到十八度之間。因其多為黃色或黃中帶紅的色澤，故而得名。
- **果酒**：是以各種含糖量高的水果為主要原料釀製而成的酒。酒精度含量一般在十五度左右，如葡萄酒。
- **藥酒**：是用各種白酒、黃酒或果酒為酒基，加入各種藥材，如人參、虎骨、五加皮、五味子等，經釀製或浸泡而成的一種具有藥用價值的酒。因加入不同的藥材而各異，且藥用價值也各不相同。
- **露酒**：也稱「香花藥酒」，以蒸餾酒為酒基，配以香花異卉或從果品藥材中提煉出的香料釀製而成的酒。因古人常將美酒稱為「露」或「玉露」，故而得名。

按照酒精度含量的高低，還可以將酒分為三類：

- **高度酒**：指酒精度含量在四十度以上的酒，如白酒、白蘭地等。
- **中度酒**：指酒精度含量在二十至四十度之間的酒，如配製酒。

第十章　酒文化

- **低度酒**：指酒精度含量在二十度以下的酒，如葡萄酒、黃酒、果酒等。

此外，按照酒的香型，還可以把酒分為三類：

- **醬香型**：以貴州茅台為代表，故也稱「茅香型」。
- **清香型**：以杏花村的汾酒為代表，故也稱「汾香型」。
- **濃香型**：以瀘州老窖為代表，故也稱「瀘香型」。

▎酒席上的酒官

酒官，顧名思義，是指掌管酒的官員。中國歷史上有不少朝代飲酒的風氣極盛，古人縱酒、鬧酒的風氣是很厲害的。因此，為了維持酒席上的秩序，監督飲酒、執掌賞罰的酒官便應運而生。

酒官最早出現於何時，目前尚難以定論。周代設有酒官，管理酒業生產和飲酒活動，具體可分為掌管一切酒務政令的酒正，負責具體造酒工作的酒人，負責監督飲酒儀節的酒監，供奉人飲酒的漿人等。雖然周代的酒官制度早已成為歷史，但對後世影響甚大。

漢代出現了「觴政」，負責在酒宴上執行觴令，對飲酒不盡者實行某種處罰。唐代，在酒席上執掌賞罰的酒官有律錄事和觥錄事，律錄事司掌宣令和行酒，又稱「席糾」、「酒

糾」；觥錄事司掌罰酒，又稱「觥使」和「主罰錄事」。酒官一般相貌莊嚴，性格耿直，執法嚴峻，就算是在女子聚會的宴席上也是當罰則罰。宋代以後，大多以酒妓為酒官。酒席上設酒官的習俗也一直流傳下來。明清以後多以「令官」代替，現在則俗稱「酒官」。

酒席中的酒令

在中國的酒文化中，最富情趣的一個內容便是酒令。

酒令誕生於西周，完備於隋唐。最初，酒令是為了節制人們飲酒而頒布的律令，展現了森嚴的飲酒禮儀制度；後來逐漸演變成一種飲酒時助興取樂的遊戲。一般推舉一人為令官，飲者聽其號令，違則處罰。這種遊戲自唐代以來便極為盛行。因飲酒者的身分地位不同，酒令也有雅令與通令之分。前者要求行酒令者既要有文采和才華，又要敏捷和機智。如「引經據典」、「頂針續麻」（分韻聯吟）「射覆猜枚」等；《紅樓夢》第四十回寫到鴛鴦做令官，喝酒行令的情景，這是清代上層社會喝酒行雅令的風貌。後者有「擲骰」、「抽籤」、「划拳」等，很容易造成酒宴中熱鬧的氣氛，因此較流行。但通令較為粗俗、喧鬧。

第十章 酒文化

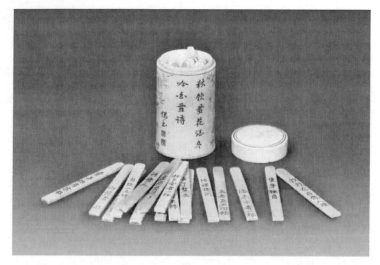

酒令

後來，在酒席上根據一定的規則行令飲酒，也叫做酒令或行酒令。行酒令的目的：一是活躍飲酒的氣氛，打破席間「彼此無話」的僵局，增添飲酒的樂趣；二是維持酒席的秩序，酒是興奮劑，三杯落肚，逞強好勝之心頓起，或自飲過度，或強灌人酒，或醉態百出，或出言無忌，而酒令一行，人人皆須遵令而行，不得亂來。凡行酒令者，須先飲盡門前杯，方能取得行令的資格。一旦成為令官，便在酒席上享有至高無上的權力。明清時期，酒令的方式和內容越來越多樣化，遂成為酒文化中極富情趣的一種文化現象。在清代的《紅樓夢》、《聊齋誌異》、《鏡花緣》三部文學名著中，就保留了不少關於酒令的記載。

▍古今酒俗的區別

　　酒俗是中華民族酒文化的重要組成部分，自從酒被人們發現和利用之後，飲酒的風俗也應運而生。因時代不同，飲酒的風俗也呈現出不同風貌。關於古今酒俗的區別，主要有二：

　　其一，根據《史記》中對「武安起為壽」、「魏其侯為壽」、灌夫「起行酒」等故事的記載，可知漢代行酒是不用丫鬟、僕人的，就算是地位很尊貴的人也會起來給別人倒酒。如尚秉和《歷代社會風俗事物考》引用了《吳志》中的記載：「（孫）權既為吳王，歡宴之末，自起行酒。」可見，即便是君臣宴會，也都是自己起來倒酒。到了後來，隨著封建等級制愈加嚴格，逐漸變成僕人、侍從或者位卑年幼者倒酒。如今，在「無酒不成席」的風尚下，酒被廣泛應用於人際交往的各個方面。為別人倒酒就是為他人服務，這時候再適當地說上幾句增進感情的話，便可拉近彼此的親近感。

　　其二，據考證，古人吃飯的時候都不喝酒，而是飯後才喝酒，一直到唐代都是如此。從一些資料中，也確實可以看到古代的這一風俗。段成式的《許皋記・許漢陽傳》中說：「食訖命酒。」訖是完畢的意思，指飯後才命人上酒。唐傳奇〈虬髯客傳〉中也說：「公訪虬髯，對饌訖，陳女樂二十人，列奏於前，食畢行酒。」意思是李靖與紅拂女去拜訪虬

第十章　酒文化

髯客，入席後，虬髯客又叫出二十位歌舞女，在面前排列演奏，樂聲似從天降，不是人間的曲子。吃完飯，又行酒令喝酒。這些例子都可以證明古人飯後飲酒的風俗，與當今酒貫穿宴席全程的習俗是不同的。

▍歷史名酒

中國是酒文化的故鄉，也是一個生產酒的超級大國。中國歷史上有許多名酒。

春秋時期，最負盛名的就是杜康酒。杜康酒是河南省的地方名酒，具有清冽透明、醇正甘美、回味悠長的獨特風味。傳說杜康在河南洛陽龍門九皋山下，開了一個酒舍。一天，豪飲名士劉伶來到這裡，抬頭看見店門上貼著一副對聯：「猛虎一杯山中醉，蛟龍兩盅海底眠」，橫批：「不醉三年不要錢」。劉伶自覺酒量大，連喝三杯，頓感頭重腳輕，天旋地轉，發現不妙，忙告辭離去。三年以後，杜康來到劉伶家討要酒錢，一打聽，才知劉伶已經死去三年。劉伶的妻子哭鬧不止，拉住杜康非要去打官司。杜康笑著說：「劉伶沒有死，他是醉過去了。」他們到墓地打開棺材一看，臉色紅潤的劉伶竟然睜開惺忪的睡眼，伸開雙臂打了一個哈欠，嘴中吐出一股噴鼻酒香，愜意地說：「啊，真香啊。」這便是「天下好酒數杜康，酒量最大數劉伶，飲了杜康酒三盅，

醉了劉伶三年整」故事的由來，令人遺憾的是杜康酒的釀造技術早已失傳。

另外，值得一提的還有唐代的葡萄酒和屠蘇酒。葡萄酒是唐代非常流行的一種果酒，以葡萄為原料，經過發酵釀製而成。一般認為葡萄是張騫出使西域時，從國外引入栽種的。它除了作為一種水果可供人食用外，還可以造酒入脯，所釀造的酒，有赤、白等多種顏色。屠蘇酒是一種古代春節時飲用的酒，也寫作「屠酥」或「酴酥」。據說能「屠絕鬼氣，甦醒人魂」，除邪氣、避瘟疫。飲酒的順序是，先從年幼者開始飲，最後年長者飲；飲酒的時間，大概是從子夜時分剛剛進入新年的那一刻開始。據說，「一人飲之，一家無疾，一家飲之，一里無病」。

到了明代，王世貞在《酒品前後二十絕》組詩每首詩的詩序中，簡要地介紹了二十種明代名酒的產地及其特點，如羊羔酒、秋露白、麻姑酒等。

▎當代名酒

中國酒的歷史悠遠綿長，釀造出了種類繁多的名酒。現在許多地方的名酒，都是從古代發展而來的，主要是從明清時期發展而來。

最一開始評定出「八大名酒」，即茅台酒（貴州仁懷茅

第十章　酒文化

台鎮）、汾酒（山西汾陽杏花村）、西鳳酒（陝西鳳翔柳林
鎮，今寶雞鳳翔區柳林鎮）、瀘州大麴酒（四川瀘州）、紹興
加飯酒（浙江紹興）、紅玫瑰葡萄酒、味美思（山東煙台）、
金獎白蘭地（山東煙台）。

後來增加至「十八大名酒」，即茅台酒、汾酒、西鳳
酒、瀘州老窖特曲、紹興加飯酒、紅玫瑰葡萄酒、味美思、
金獎白蘭地、五糧液（四川宜賓）、古井貢酒（安徽亳縣）、
全興大麴酒（四川成都）、夜光杯中國紅葡萄酒（北京）、竹
葉青酒（山西汾陽杏花村）、白葡萄酒（山東青島）、董酒
（貴州遵義）、特製白蘭地（北京）、沉缸酒（福建龍岩）、青
島啤酒（山東青島）。

最後，「十八大名酒」略有更動，即茅台酒、汾酒、五
糧液、古井貢酒、洋河大麴酒（今江蘇宿遷洋河鎮）、劍南
春（四川綿竹）、中國紅葡萄酒、煙台味美思、沙城白葡萄
酒、煙台金獎白蘭地、董酒、民權白葡萄酒、瀘州老窖特
曲、紹興加飯酒、山西竹葉青、青島啤酒、煙台紅葡萄酒、
龍岩沉缸酒。

一些從古代流傳至今的名酒，往往伴隨著大量的文人吟
詠和一些優美的民間傳說。如前面所講的杜康酒的傳說，使
人在品酒的同時，可以獲得精神上的享受。

女兒酒與女兒紅

　　女兒酒又名女兒紅，是中國的陳年佳釀。在紹興，有一種傳統風俗：當地人生了女兒滿月時，父母為女兒釀製數罈老酒，並埋入地下，一來算是慶祝，二來是為了留作紀念。等到女兒出嫁的那一天，再將儲藏的酒拿出來用作陪嫁或招待賓客。地下是儲藏酒的絕佳場所，這種特殊的環境能隔絕外界空氣，溫度又低，酒氣揮發少，故女兒酒味道絕美。

　　關於此酒為什麼叫「女兒紅」，還要從一個故事說起。很久以前，紹興東關有一員外，從鄉村娶回一個貌美如花的富家小姐，儘管夫妻二人非常恩愛，但是妻子怎麼也懷不上孩子。員外急壞了。一日，他聽說鄰縣有座廟，廟裡有個賜子仙人非常靈驗，便前去求取仙藥。妻子服下仙藥之後，果真有了身孕。員外激動萬分，為了慶祝這天大的喜事，他命人專門釀造了二十幾罈黃酒，準備在孩子滿月那天招待眾人。十個月後，妻子終於誕下一個漂亮的千金，當這位小千金滿月時，按當地習俗，員外需大宴各方賓客，以示吉利。於是員外就把之前釀造的黃酒搬了出來，招待十里八鄉的賓客。酒席散了之後，員外見院子裡還有好幾罈酒沒有開啟，又聽人說酒越放越香，就讓下人把剩下的酒都埋在自家花園的桂花樹下。光陰似箭，轉眼間員外的千金已長大成人，員外左挑右選，幫女兒選定了一個佳婿。喜宴間，老員外正與

第十章 酒文化

賓客歡慶暢飲。僕人慌忙跑來，說酒都喝完了。員外想到桂花樹下還有埋藏了十八年的好酒，可解一時之急，連忙招呼下人把那些酒挖出來招待賓客。酒罈開封之後，酒香撲鼻，沁人心脾。眾賓客競相品嘗，拍手稱好。飽讀詩書的女婿情不自禁地讚道：「埋女兒紅，閨閣出仙童。」

　　自此以後，附近的村民紛紛效仿員外的做法，漸漸在紹興一帶形成了「生女必釀女兒酒，嫁女必飲女兒紅」的習俗。

第十一章
茶文化

第十一章　茶文化

▎茶的發現與應用

　　在日常生活中，茶是一種極為普通的飲料。但是，在中國的飲食文化中，茶文化產生的時間比酒文化晚得多。最初茶只是被作為一種藥材，而非飲品。據《神農本草經》記載：「神農嘗百草，日遇七十二毒，得茶而解之。」其中的「茶」便是茶，傳說神農氏為了治病救人，到各地採集草藥。他為了驗證草藥的藥性，遇藥必嘗，親自體驗；一日之中遇到七十二種毒，都是靠茶來解毒的。後來，隨著古人對茶的深入研究，以及對其色、香、味的不斷認識和利用，逐漸將茶從藥材中分離出來，而變成一種清熱解渴的飲料，逐步成為人們日常生活中不可缺少的一部分。

　　據史料記載，西漢時期，人們已經有了飲茶的習慣，茶葉貿易已初具規模；三國時期，飲茶已經非常流行。據《三國志·韋曜傳》記載：「（孫）皓每饗宴，無不竟日，坐席無能否，率以七升為限，雖不悉入口，皆澆灌取盡。曜素飲酒不過二升，初見禮異時，常為裁減，或密賜茶荈（ㄔㄨㄢˇ，茶的老葉，即粗茶）以當酒。」韋曜酒量小，孫皓便賜茶給他。可見，當時不僅縱酒成風，而且可以以茶代酒。到了魏晉南北朝時期，飲茶已經成為上流社會與文人族群所推崇的風尚。

隋、唐、宋、元時期是封建社會的鼎盛時期，也是古代茶業的興盛階段。茶從南方傳到中原，再從中原傳到邊疆地區；消費族群擴展至普通百姓，茶葉逐漸發展成為舉國之飲。特別是宋代，民間鬥茶之風盛行不衰，「開門七件事，柴米油鹽醬醋茶」，飲茶已成為普通百姓生活中不可或缺的一部分。

茶的故鄉

中國是茶文化的故鄉，茶文化的發祥地，被譽為「茶的祖國」，是世界上種茶最早、制茶最精、飲茶最多的國家。世界各地茶葉的種植、採製等技術都是直接或間接從中國傳過去的；世界各國「茶」的發音，也是由中國各地不同的方言演變而來的。比如茶在英語中為 tea，便是從閩方言的「茶」字發音音譯過去的。

唐代陸羽在《茶經》第六篇中說：「茶之為飲，發乎神農，聞於魯周公。齊有晏嬰，漢有揚雄、司馬相如，吳有韋曜，晉有劉琨、張載、遠祖納、謝安、左思之徒，皆飲焉。滂時浸俗，盛於國朝。」意思是，茶的發現與利用始於神農氏，到了魯周公時正式聞名於世，歷史上的很多文人名士都喜好飲茶。神農氏是中國上古部落聯盟首領，距今約有五千年，從中可看出中國的茶文化由來已久。

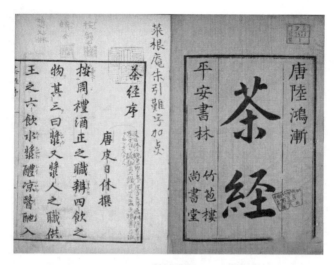

《茶經》

在中國，唐代以前無「茶」字。《說文》中不見「茶」字，只有「荼」字。荼，讀ㄊㄨˊ，「荼」本意是「苦菜」。《詩經》中說：「采荼薪樗，食我農夫」（《豳風·七月》），「誰曰荼苦，其甘如薺」（〈邶風·谷風〉）等。直到唐代，著名的茶史學家陸羽將「荼」字減一畫，才開始寫作「茶」。

如今，茶已成為全民飲品，飲茶之風也風靡全球，茶成為全球三大飲料（茶、咖啡、可可）之首，是世界上最受歡迎、最有益身心的一種天然飲料。可以說茶的發現與應用，不僅推進了中國的文明，而且極大豐富了全世界人民的物質和精神生活。

茶文化的發展與傳承

就茶文化的發展而言，大致可分為四個時期。

先秦兩漢、魏晉南北朝是茶文化的形成時期。當時已經有了喫茶、飲茶的記載，但只限於少數人，並沒有普及。

唐代是茶文化的成熟時期，飲茶的風氣極為盛行。據《封氏聞見錄》記載，唐代「茶道大行，王公朝士無不飲者」。這時候人們喝茶，不僅講究茶葉的產地和採製，而且講究飲茶的環境和器具，以及飲茶的禮節和操作方式；並且在飲茶的方法上日益翻新，逐漸形成了一些約定俗成的規矩和儀式，出現了各種各樣的茶宴。從唐代開始，中國的茶文化逐漸傳播到世界各地。

宋元時期是茶文化的發展、改良時期，制茶技術已經有了明顯的進步。隨著城市經濟的發展，宋代的茶館已是鱗次櫛比。當時著名的茶葉品種有「龍」、「鳳」、「龍團」、「雨前」、「大方」、「勝雪」等數十種；並且已經有了磚茶，當時稱為「茶餅」或「餅茶」。到了元代，飲茶已成為日常生活中極為平常的事。在元雜劇中，老旦上場後所說的定場白一般都是：「早晨起來七件事，柴米油鹽醬醋茶。」可見，茶已成為普通家庭婦女早晨起來的七件家務事之一。同時，元代還改革了飲茶的方法，不再在茶中添加其他調料，而是純粹地煎茶或泡茶。一般認為，泡茶法就是元代首創的。

第十一章　茶文化

　　明清時期可視為茶文化的藝術化和生活化時期。到了明代，流行了五六百年的固型茶最終被淘汰，散型茶進一步盛行。飲用的方法也由煮茶改為泡茶。伴隨著制茶方法和飲茶方法的改進，明代飲茶的過程也變得更為簡單。人們只注重茶品、水質、茶具，而不再講究其他的內容，人們飲茶的習慣已經與現在差別不大。雖然明清時期人們對茶文化的內容有所捨棄，但對該講究的內容絲毫不含糊。如在茶器、茶具的選擇上，要求陶、瓷、紫砂土質良好、製作精巧、造型高雅，尤以景德鎮的瓷器和宜興的紫砂壺最受青睞。

▌古代喝茶的方法

　　茶葉被我們的祖先發現以後，它的飲用方式先後經歷了幾個階段的發展演化，才變成今天這種「用開水沖泡散茶」的飲用方式。古人飲茶的方法與現在迥然不同，因為茶葉一開始是被作為一種藥來使用的，所以，開始時的飲茶方法與我們現在煎中藥差不多。不同的歷史時期，喝茶的方法是不一樣的。概括說來，自古至今喝茶的方法大致有五種。

- **喫茶法，或稱「煮茶法」**：這是最早的一種喝茶方法。根據神農嘗百草時中毒，用茶葉解毒的傳說，現在的人推測，茶葉最早是被作為一種藥材利用的。一開始，古人可能是直接從野生茶樹上採下細枝嫩葉，生吃乾嚼；

後來，才將茶樹的葉子加水煮成湯汁飲用。到了春秋戰國時期，齊相晏嬰已經開始飲茶，開創了中國飲茶的先河。但當時飲茶的具體方法，目前尚不得而知。

■ **烹茶法**：從漢代開始，飲茶漸成風尚，但主要流行於上層社會和南方地區。兩漢、魏晉時期的飲茶方法是，先將茶葉用茶磨碾成細末，再加上油膏、米粉之類的東西製成茶團或茶餅（與現在的磚茶不同）；喝茶的時候，先將茶團烤軟、搗碎，再放上蔥、姜、鹽、橘子皮、棗、薄荷等，一同煎煮。這就是所謂的「煮茶法」或「烹茶法」。在三國魏張揖編集的《廣雅》及明代曹學佺撰寫的《蜀中廣記·卷六十五·方物記第七·茶譜》中，都對烹茶法有比較詳細的記載和介紹。

■ **煎茶法**：煎茶法是唐代陸羽首創的一種喝茶方法，其實「煎」就是「煮」。與前代不同的是，唐人在製作加工茶葉的時候不再添加油膏、米粉之類的東西，但成茶仍為團狀或餅狀；同時，煎茶的時候也不再添加其他作料，只是加少許鹽調味。

■ **點茶法**：點茶法是宋代出現的一種喝茶方法。其基本方法是：先將碾碎的茶葉直接放入茶盞中，再把瓶裡的沸水注入茶盞，點水時要噴瀉而入，水量適中，不能斷斷續續。據說，宋代時點茶法傳入日本，現在日本茶道中的抹茶道採用的就是點茶法。

第十一章 茶文化

- **泡茶法**：從元代開始，人們喝茶的方法又有了較大變化。就煎茶法而論，人們開始直接煎煮焙乾茶葉，而不再事先烘製茶團，也不再添加其他作料；同時還出現了泡茶的方法，即將焙乾、製作好的茶葉直接放入碗中，用開水沖泡。到了明代，隨著茶葉加工方式的改革及紫砂壺、瓷茶碗的出現，泡茶法開始流行。明太祖朱元璋曾經親自下詔：「罷造龍團，唯芽茶以進。」這裡所說的「芽茶」，也就是我們現在所說的散茶葉。此後，泡茶法一直相沿至今。

茶聖陸羽與《茶經》

　　對中國茶文化貢獻最大的一個人是陸羽。陸羽（約西元七三三至約八○四年），字鴻漸，是唐代復州竟陵（今湖北天門）人。陸羽出生後被父母遺棄，被禪師帶到寺廟中養育。他一生清貧，卻對茶葉有濃厚的興趣，長期進行調查研究，擅長品茗，曾親自育種栽茶。他自號茶山御史，後人稱之為「茶神」或「茶顛」。唐上元初年（西元七六○年），陸羽隱居浙江湖州苕溪，完成了世界上第一部茶論專著《茶經》。

茶聖陸羽

《茶經》共分三卷，共十章，涉及了茶文化的起源，採茶、制茶的工具與方法，茶葉的烹煮用具，飲茶的風俗與古今茶事，茶的品鑒等各方面的內容，稱得上是茶領域的百科全書。《茶經》雖然篇幅不長，但是一部集前代茶文化之大成的作品。它為中國茶文化奠定了基礎，也提供了最早、最基本的原則，為中國茶文化的進一步發展做出了巨大貢獻。

傳說，陸羽寫成《茶經》後，為了進一步驗證書中的內容，唐代宗廣德二年（西元七六四年）暮秋，乘船到浙江德清縣三合鄉楊墳一帶進行實地考察，並傳播種茶、飲茶的知識。當地人在陸羽的影響下，形成了一種特殊的茶俗，並一直保持到現在，被稱為楊墳茶俗。楊墳人每年每戶平均消費茶葉五點五斤，人均喝茶一千多碗，是飲茶最多的地區之一。

第十一章　茶文化

▎宋代的鬥茶

鬥茶大致出現於唐代中期。無名氏所寫〈梅妃傳〉記述了唐玄宗李隆基與他的寵妃梅妃在宮中鬥茶取樂的事情。但書中描寫簡略，僅一語帶過，沒有詳細記錄當時鬥茶的具體情形。

到了宋代，飲茶之風大盛，對茶葉的採製、品飲都十分講究。這一時期，「鬥茶」之風流行。

鬥茶圖

鬥茶，又叫「鬥茗」、「茗戰」，是一種品評茶品質優劣的競賽活動。競賽的內容主要包括三個方面：一是茶，包括茶的品種、採摘、製作等；二是水，包括水的來源、水質、

成分等；三是器，即茶具，包括茶具的質料、特色等。鬥茶之際，參賽人員各自誇耀自己茶的優點，優者取勝。此外，鬥茶勝負還有一個標準，就是看湯花。一是湯花的顏色要鮮豔、潔白，以純白為最佳，青白、灰白、黃白次之，這與茶葉的採摘、製作方法有關；二是湯花的持續時間要長久，這與茶末的研碾、點湯有關。湯花一散，盞面便露出水痕，所以水痕早出者敗，晚出者勝。

據記載，宋代鬥茶盛行與宋徽宗趙佶好茶有關。宋徽宗御筆親作〈大觀茶論〉，在其中大談鬥茶之道。由於鬥茶得到朝廷的讚許，舉國上下，從富豪權貴、文人墨客，到市井庶民，都以此為樂。可以說，鬥茶推動了宋代茶葉生產和烹沏技藝的發展。北宋文學家范仲淹曾作〈和章岷從事鬥茶歌〉，生動地描繪了當時的鬥茶盛況。

泡茶用水

自古以來，人們在「談茶」時總免不了「論水」，有道是「水為茶之父」。水是展現茶色、香、味、形的介質，如果水質欠佳，茶葉中的有益成分受到破壞，營養成分亦得不到發揮，便無法給人帶來物質與精神的雙重享受了。

古人對泡茶所用的水很是講究，唐代陸羽在其《茶經・五之煮》中首次提出鑑別茶水的標準：「其水，用山水上，

江水中，井水下。」因為山水潔淨，出自山巒，含有對人體有益的微量元素，能使茶葉的色、香、味、形得到最大限度的發揮；江水屬地面水，所含雜質多，但因遠離人煙所受的汙染小，仍不失為沏茶好水；井水屬地下水，易受汙染，用來沏茶會損害茶味。明代文人對飲茶用水的講究達到了登峰造極的程度，除了使用泉水、江水、井水外，還流行雪水、雨水，甚至開始使用露水、竹瀝水等。

關於古人擇水的標準，具體而言，可概括為清、活、輕、甘、洌。清就是水澄清無垢，活就是水要有源有流，輕就是水的質地輕，甘就是水含在口中有甜味，洌就是水在口中有清涼感。我們現在常飲用的自來水，雖經過消毒，但含大量氯氣，若用來沏茶，會損害茶的香味與色澤；最好將水儲存於缸內一晝夜，待氯氣揮發後再用於沏茶，或將水煮沸以驅散氯氣。

總之，只有好茶與好水相結合，才是美的享受。

▍茶葉的分類

由於茶葉的品種很多，故其分類方法也有多種。常用的茶葉分類方法主要有以下兩種。

根據製作方法的不同，並結合茶葉的特點，可將茶葉分為綠茶、紅茶、青茶（即烏龍茶）、白茶、黃茶和黑茶六大

類。綠茶為不發酵茶，因其乾茶色澤和沖泡後的茶湯、葉底的色澤以綠色為主基調而得名。紅茶為發酵茶，因其茶湯、葉底的色澤均為紅色而得名。青茶又稱烏龍茶，屬於「半發酵」茶，兼有紅茶和綠茶的優點，既有綠茶的鮮爽，又有紅茶的甘醇，是兩者的完美結合。白茶，顧名思義，其芽葉上披滿白色茸毛，素有「綠妝素裹」之美感，加工時不炒不揉，晒乾或用文火烘乾，所以能使白色茸毛在茶的外衣完整地保留下來。黃茶的典型特點是「黃葉黃湯」，屬於輕發酵茶。而黑茶因其成品茶的外觀呈黑色而得名，屬於全發酵茶。

茶葉

按茶葉的製造及生物化學變化的不同，可將茶葉分為基本茶和再加工茶兩大類。基本茶根據茶多酚氧化程度（發酵

第十一章　茶文化

程度）及茶湯顏色可分為綠茶、紅茶、烏龍茶、白茶、黃
茶、黑茶六大類。再加工茶是用基本茶作原料，經再加工、
深加工而製成的茶或茶飲料，主要有花茶、緊壓茶、萃取
茶、果味茶、藥用保健茶等類別。

　　除此之外，茶葉還有多種分類方法，如按生產季節不
同，可分為春茶、夏茶、秋茶、冬茶四類；按產地不同，可
分為川茶、浙茶、閩茶等。

▎供春壺與孟臣罐

　　「工欲善其事，必先利其器。」人們品茶時常常把盞玩
壺，要想泡好一杯茶，必須有一套好的茶壺。茶壺中最為世
人稱道的是江蘇宜興（古名陽羨）的紫砂壺。宜興紫砂壺製
作工藝精湛，色澤古樸凝重，造型千姿百態。其命名方式有
很多種，如用工匠姓名命名的「供春壺」與「孟臣罐」，便
涉及對宜興紫砂茶具做過重大貢獻的兩個人 —— 供春與惠
孟臣。

茶壺

供春（約西元一五〇六至一五六六年），據考證為明弘
治年間生人，是明代官吏吳仕（號頤山）的書僮。吳仕帶著
供春在宜興東南的金沙寺讀書時，寺裡有一僧人善做細泥陶
茶具，供春抽空便跟著僧人學做茶壺。僧人所制的樹癭（一
ㄥˇ）壺，據說是仿造寺裡一棵銀杏樹上的樹癭製成的，形
狀古樸，生動逼真，受到好評。供春後來離開了吳仕家，擺
脫了僕從的生活，專門從事製陶事業。人稱其壺為供春壺，
供春是紫砂壺歷史上第一個留下名字的壺藝家，有「供春之
壺，勝於金玉」的說法。

第十一章　茶文化

　　惠孟臣，生卒年不詳，大約生活於明代天啟到清代康熙年間，是當時的製壺名手。他的壺藝出眾，獨樹一幟，作品以朱紫色居多，白泥者較少；以小壺居多，中壺較少，大壺更是罕見。他製作的紫砂壺大巧若拙，後世稱為「孟臣壺」。體積小、造型奇、工藝精、光澤瑩潤、線條流暢，是孟臣壺的突出特徵。孟臣壺在十七世紀末外銷歐洲各地，對歐洲早期的制壺業影響很大。

▌迎客待茶

　　迎客待茶是民間普遍的待客禮儀。通常客人進門落座後，主人馬上就會給客人泡一壺茶，有些地方也叫「下茶葉」。雖然這種待茶的習俗不完全符合古禮，但是各地也形成了一些約定俗成的規範。

迎客待茶

- **茶葉種類，因人因地而異**：民間大多是喝「大葉茶」，講究的人家或富裕的家庭則是喝「小葉茶」；現在一般喝綠茶或烏龍茶（尤以鐵觀音為上）。
- **茶具講究**：喝茶的人一般不用成套的大茶壺，而用小茶壺，並以紫砂壺為上品，南泥壺為中品，瓷壺為下品。
- **倒茶要淺**：俗話說「茶要淺，酒要滿」，又說「茶七酒八」，指的就是倒茶的標準。
- **壺杯不空**：如果一壺茶不能將所有的茶杯倒滿，可以將每杯茶倒得淺一點，但絕對不能將茶壺中的水倒盡。因為茶水一旦倒盡，茶葉也就沒味了。同時，也不能隨便倒掉茶杯裡的茶根（即茶杯裡剩餘的茶水），因為民間禮俗規定，只要倒掉茶根，說明客人已經喝足，主人便不再為客人添茶倒水了。
- **不能浮茶**：如果一壺茶倒了幾次後顏色變淺、味道變淡，一般不能再往茶壺裡添茶葉，俗稱「浮茶」；而應該把殘茶倒掉，重新泡一壺新茶。因為浮茶是對客人不敬的表現。

可見，迎客待茶之道也是很有講究的。

第十一章　茶文化

▌端茶送客

　　在中國，客來敬茶是由來已久的傳統禮俗，是展現文明的待客之舉。來客相見，主人或僕役獻茶，主人認為事情談完了，便端起茶杯請客用茶。這便是端茶送客了。

　　據朱德裳《三十年見聞錄》記載：一個新上任的縣令於炎夏之時前去拜謁巡撫大人，按禮節不能帶扇子。這位縣令卻手執摺扇進了巡撫衙門，並且期間揮扇不止。巡撫見他如此無禮，就借請他脫帽寬衣之際把茶杯端了起來。左右侍者見狀，立即高呼「送客」。縣令一聽，連忙一手拿著帽子，一手抓著衣服，狼狽地退了出去。清代，下屬拜見上司，上司雖讓侍者泡茶相待，但大都不喝。當上司舉起茶杯做欲喝狀時，那就表示下「逐客令」，侍者會立刻高呼「送客」。主人便站起身來送客，客人也自覺告辭。這樣的慣例，避免了主人想結束談話又不便開口，客人想告辭又不好意思貿然說出來的尷尬場景。

　　如今這種「端茶送客」的規矩除了能在影視劇中看到，生活中已不復存在。但在有些客人說起話來收不住話匣子，又不顧及主人是否有時間有興趣去聽的時候，人們又多麼希望有「端茶送客」這樣一種約定俗成的習俗，讓雙方都能體面收場。

▎工夫茶

　　所謂工夫茶，並非一種茶葉或茶類的名字，而是一種泡茶的技法。之所以叫工夫茶，是因為這種泡茶的方式極為講究，操作起來需要一定的技藝。清代袁枚在《隨園食單》中，也曾對工夫茶作了生動的描寫：「杯小如胡桃，壺小如香櫞（ㄩㄢˊ），每斟無一兩，上口不忍遽（立刻、馬上）咽，先嗅（聞）其香，再試其味，徐徐咀嚼而體貼之，果然清香撲鼻，舌有餘甘，一杯以後，再試二杯，令人釋燥平矜，怡情悅性。」

1.碎茶　　　2.碾茶　　　3.羅茶　　　4.茶末置盒

8.置茶托　　7.擊拂　　6.點茶(注湯入盞)　5.撮末入盞

工夫茶

　　工夫茶起源於宋代，在廣東、福建最為盛行。工夫茶不再以大壺沖泡，而崇尚小壺泡法（重品茗、忌牛飲）；對茶

第十一章　茶文化

器、茶具極為講究，要求陶、瓷、紫砂土質良好、製作精巧、造型高雅。

　　工夫茶在操作時，首先點火煮水，再將茶葉放入沖罐中，茶葉占罐容積之七分為宜。待水開將水從較高位置沖入沖罐中，之後蓋沫（用壺蓋將浮在上面的泡沫抹去）使茶水清澈透明。大約沖泡一分鐘，此時茶葉已經泡開，形味俱佳，便可以斟茶了。斟茶時，各個茶杯圍在一起，以沖罐巡迴穿梭於四個杯子之間，直至每杯均達七分滿。壺中剩下的少許最濃茶湯需一點一抬頭地依次點入各杯中。潮汕人稱此過程為「關公巡城」和「韓信點兵」。四個杯中茶水的量與茶湯顏色須均勻相同，方為上等工夫。最後，主人將斟好的茶，雙手依長幼次序奉於客前。

　　工夫茶既有明倫序、盡禮儀的儒家精神，又有優美的茶器茶藝，是精神與物質、內容與形式的完美統一。

工夫茶

電子書購買

國家圖書館出版品預行編目資料

江山甩一邊，華服、美人、醇酒正中間：百搭
漢服 × 時興妝容 × 垂涎佳餚 × 脫俗茶酒，
比現代人更講究的排場，更浮誇的裝束！/ 韓
品玉主編，趙英蘭，張婉清，王文君編著. —
第一版 . — 臺北市：崧燁文化事業有限公司，
2023.04
面；　公分
POD 版
ISBN 978-626-357-252-2(平裝)
1.CST: 服飾習俗 2.CST: 飲食風俗 3.CST: 中國
文化
538.82　　112003564

江山甩一邊，華服、美人、醇酒正中間：百搭漢服 × 時興妝容 × 垂涎佳餚 × 脫俗茶酒，比現代人更講究的排場，更浮誇的裝束！

臉書

主　　　編：韓品玉
編　　　著：趙英蘭，張婉清，王文君
發 行 人：黃振庭
出 版 者：崧燁文化事業有限公司
發 行 者：崧燁文化事業有限公司
E - m a i l：sonbookservice@gmail.com
粉 絲 頁：https://www.facebook.com/sonbookss/
網　　　址：https://sonbook.net/
地　　　址：台北市中正區重慶南路一段六十一號八樓 815 室
Rm. 815, 8F., No.61, Sec. 1, Chongqing S. Rd., Zhongzheng Dist., Taipei City 100, Taiwan
電　　　話：(02) 2370-3310　　傳　　真：(02) 2388-1990
印　　　刷：京峯彩色印刷有限公司（京峰數位）
律師顧問：廣華律師事務所 張珮琦律師

定　　　價：299 元
發行日期：2023 年 04 月第一版
◎本書以 POD 印製